Paul Sturm

Der Ruf des Santiago

Eine Reise zum Ende eines Lebens

AF192183

Für Lil.

Alle Personen sind völlig frei erfunden. Ähnlichkeiten zu real existierenden Personen oder Situationen sind rein zufällig.

Inhaltsverzeichnis

1	Vorwort	9
2	Ankunft in Bilbao und Weiterreise nach Burgos	11
3	Astorga	15
4	Astorga nach Foncebadon	17
5	Foncebadon nach Ponferrada	25
6	Ponferrada nach Villafranca del Bierzo	31
7	Villafranca del Bierzo nach La Faba	37
8	La Faba nach Triacastela	43
9	Triacastela nach Sarria	53
10	Sarria nach Portomarin	55
11	Portomarin – Palas de Rei	61
12	Von Palas de Rei nach Arzúa	67
13	Von Arzúa nach Pedrouzo	71
14	Endlich Santiago	75
15	Wer bin ich?	83
15.1	Γνῶθι σεαυτόν - Gnothi seauton – Erkenne Dich selbst	83
15.1.1	Kompromisse	84
15.1.2	Klare Entscheidungen	89

15.1.3   Der Zauberkünstler   93

15.2   Herzensbildung   96

15.2.1   Angst vor dem Untergehen   97

15.2.2   Angst vor Krankheit   101

15.2.3   Angst vor dem Nichtbeachtetwerden   103

15.2.4   „Man sieht nur mit dem Herzen gut."   107

16   Das Ende eines Lebens   109

17   Die Antworten den Lebens   111

18   Zuhause   113

19   Danksagungen   115

1 Vorwort

Der Jakobsweg ist seit einiger Zeit in aller Munde. Trotzdem wissen viele Menschen nicht, was er ist, was er bedeutet.

Meine Frau erhielt den Ruf des Jakobus (Santiago) bei unserer Urlaubsplanung. Eigentlich ließen wir uns im Reisebüro über die Vorzüge der Malediven aufklären, wir entschieden uns für ein kleines Ressort auf einer kleinen Insel mitten im Indischen Ozean. Trotzdem war keiner von uns beiden damit so richtig glücklich, und, als sie an einem Sonntagnachmittag im Oktober, circa zwei Wochen vor unserem Abflug, plötzlich sagte: „Lass' uns den Jakobsweg gehen!" hat keiner von uns beiden damit gerechnet, was alles auf uns zukommen würde und wie sich unser Leben in eine (mittlerweile kann ich das sagen) neue Richtung bewegt hat. Trotzdem haben wir spontan entschieden: „Ja, das machen wir."

Es begannen Fügungen aufzutauchen, die uns faktisch und praktisch nach Spanien zwangen, denn vier Tage vor Beginn unseres Abenteuers hatten wir noch keinen Flug, keine Rucksäcke und waren auch anderweitig nicht vorbereitet.

Freunde haben uns mittlerweile gestanden, dass sie uns für völlig verrückt gehalten haben, als sie von unserem Plan erfahren haben, und dass auch Wetten darauf abgeschlossen wurden, dass wir den Weg nicht schaffen würden.

Wir aber hatten die Gnade, dass unsere Körper uns nichts, was wir ihnen auf dem Weg angetan haben, übel nahmen.

Der Jakobsweg wurde für uns zu einem Weg zu unserem eigenen Tod, denn die Personen, die im Oktober 2008 starteten, starben auf dem Weg und wurden feierlich von uns zu Grabe getragen. Ebenso wurde der Jakobsweg für uns zur Geburt zweier freier Menschen, die sich völlig neu erschufen und die für die anderen, die Daheimgebliebenen, sich jetzt sehr oft als Fremde erweisen.

Wir können das bestätigen, was uns ein Pilger auf dem Weg erklärte: „Der Jakobsweg zerstört Dich und zerlegt Dich physisch und psychisch in alle Einzelteile, aber wenn Du an der Pforte der Kathedrale ankommst, wird Dich der Apostel Jakobus wieder zusammensetzen, so dass Du Dich vielleicht selbst nicht mehr erkennst." Diese tiefe Erfahrung sollte jeder selbst machen und jeder sollte entscheiden, ob er das, was in diesem Buch steht, annehmen kann. Oft tat ich mir sehr schwer, das Erlebte in Worte zu fassen und ein ausschweifendes Vorwort würde dem nicht gerecht werden.

Deshalb bleibt mir nur die Dankbarkeit darüber auszudrücken, dass wir diesen Weg zusammen gehen durften und dass wir unsere Erkenntnisse mit nachhause nehmen durften.

DANKE!

2 Ankunft in Bilbao und Weiterreise nach Burgos

Wir kommen in Bilbao am Flughafen an. Der etwas dunkle aber filigrane Bau fasziniert uns und die anderen Mitreisenden. Schnell schießen wir ein paar Photos von der Rippenarchitektur und begeben uns zur Gepäckausgabe. Der kleine Flughafen besticht auch durch die schnelle Gepäckabfertigung, ruck zuck sind unsere Rucksäcke auf dem Förderband angekommen. Autsch, beim Hochheben erinnern wir uns daran, dass wir diese Rucksäcke jetzt zwei Wochen tragen dürfen.

Raus aus dem Flughafen, der Beschilderung zum Bustransfer und Taxistand folgen. Draußen der erste Schreck: Kaum Taxen vorhanden. Wir gehen nach rechts und sehen einen weißen Opel Zafira mit Taxischild auf dem Dach. Der Fahrer, ein drahtiger grauhaariger Mann, öffnet im Flamenco-Rhythmus den Kofferraum, die Rucksäcke landen darin und ich hätte eigentlich bei der Aufschrift „Irmscher" erkennen müssen, dass der Opel getunt ist. In halsbrecherischer Fahrt donnert der Fahrer über die Autobahn, die Kurven mit 50 km/h zu schnell nehmend... Wir zucken zusammen, als er laut spanisch palavernd mit 140 km/h auf eine Mautstelle zurast, und sich erst Millisekunden vor dem Crash für die Videomautspur entscheidet und mit ungebremsten 130 km/h hindurch rast. Olé, willkommen in Spanien. In Bilbao schaltet und fährt unser Fahrer im Flamenco-Takt und schafft es wirklich in fünfzehn Minuten zum Bahnhof. Dort wirft er uns ab und entschwindet in einem Wimpernschlag mit seinem Opel Zafira Irmscher ... (mit gefühlten 8000 PS!)

Im Bahnhof haben wir Hunger und gehen erst mal oben in ein Cafe. Tickets bei der renfe (spanische Bahn) gibt es erst, nachdem man einen Zettel wie auf dem Arbeitsamt gezogen hat. Zum Glück ist Bahn fahren in Spanien erschwinglich und mit den deutschen Preisen nicht zu vergleichen.

Wir haben eine gute Stunde Zeit, bevor wir mit dem Arco losfahren, jedoch muss vorher unser Gepäck durch die Röntgenanlage. Aha, Baskenland, ETA etc. Der Zug ist hochmodern, jedoch nur einen Wagen lang, kein Imbiss möglich. Wir fahren so bis … Ebro, dort fährt die Lok alleine weiter und der Wagon bleibt im Bahnhof stehen. Nach zwanzig Minuten, die die Reisenden in der Bahnhofsbar verbringen, kommt ein ganzer Zug von vorne und hängt unseren Wagon an. Ok, es kann weitergehen. In Burgos beschließen wir auszusteigen, packen unseren Rucksack hinten drauf und laufen in die Innenstadt. Die zwei Kilometer scheinen ganz schön weit zu sein, und wir orientieren uns an der Kathedrale, um wenigstens in die richtige Himmelsrichtung zu laufen. Und dann, nach gut einer dreiviertel Stunde, treffen wir das erste Mal auf den Pilgerweg, der mit dem Pilgersymbol, der Jakobsmuschel, gekennzeichnet ist. Faszinierend, wir beginnen unser Abenteuer. Erst mal wird ein kleines Hotel gesucht, da kann ich mich auf den Geschmack meiner Frau verlassen. Dort werden wir sehr nett empfangen, obwohl wir ja wirklich wie Rucksacktouristen aussehen und auch sind, denn Pilger wird man erst mit dem Credential de Peregrino. Also müssen wir im Hotel fragen, wo wir den Pilgerausweis bekommen können. Die Dame erklärt es uns: Hinter der Kathedrale in der Pilgerherberge. Wir laufen durch das mittelalterliche Burgos, folgen der Pilgermuschel, gehen um die Kathedrale rum und… finden diese Herberge nicht. Ich laufe den Berg rauf und runter, bis uns eine schicke ältere Dame begegnet, die wir radebrechend auf Italienisch fragen, wo die Pilgerherberge ist. Sie erklärt uns stolz irgendwas, also in der und der Straße. Da sehen wir das erste Mal Menschen in Badelatschen oder Trekkingschuhen. PILGER! Also da muss eine Pilgerherberge sein, wir müssen nur den Pilgern entgegengehen. Wow, die Leute schauen ganz schön abgekämpft aus, aber irgendwie grüßen alle und lächeln. Lächeln! Das wird uns auf dem langen Weg bis Santiago noch oft begegnen…

Wir finden die Pilgerherberge, nagelneu und perfekt an ein altes Gebäude angepasst. Solo peregrinos! Nur Pilger. Nun, wir wollen ja welche werden. Drinnen sitzen zwei nette alte Damen, no inglès, no italiano, oui français. Also erkläre ich auf Französisch, dass wir pilgern wollen, von Astorga aus. Wir erhalten jeder für zwei Euro den Pilgerpass und müssen einen Pilgerbrief ausfüllen, in welchem wir auch unsere nächsten Verwandten angeben, falls wir zu Tode kommen auf dem Weg. Ok, ok, wir sind keine schwachen Naturen, aber wenn wir jetzt schon das wüssten, was auf uns zukommt und wie nahe wir dem Tod sein würden, aber davon später. Pilgerbrief ausgefüllt, Credential stolz eingesteckt und los geht es. Wohin? Etwas zum Abendessen finden. Erste Lektion: Spanier essen nie vor halb neun Uhr zu Abend. Es ist jetzt aber kurz vor sieben... Also Restaurants abklappern in der Altstadt, aber nix zu machen, nur einer hat etwas ab halb acht. Dort warten wir erst einmal zwanzig Minuten am Tresen, bis uns die nette Bedienung einen Tisch freigekämpft hat. Ich bestelle eine spanische Fleischplatte und werde fast ohnmächtig, als diese dann serviert wird. Hier in Deutschland würde eine vierköpfige Familie satt werden, wenn sie nicht vorher an Fettleibigkeit sterben würde. Hier in Kastilien, das werden wir lernen, gehört zum Fleisch, dass es vor Fett tropft.

Nach dem Essen einen Café solo, auf Deutsch: Espresso.

Dann ins Hotel und ins Bett. Der Zug nach Astorga geht morgen, da Sonntag, um halb eins mittags. Zeit für uns, ein ausgiebiges Frühstück zu nehmen und in die Kathedrale zu gehen. Vier Euro Eintritt, nein danke. Aber wir sehen plötzlich Spanier im Sonntagsgewand auf dem Vorplatz um die Kathedrale herumgehen. Wir folgen ihnen, denn wir wollen auch in die Messe. Es gibt in der Kathedrale eine Kirche. Dort ist Messe. Die spanische Messe ist logisch auf Spanisch, und dauert ca. eine halbe Stunde. Das nennen wir effektiv. Aber das ist jetzt zu ketzerisch; als wir im Gottesdienst sind, kommen hinten Pilger mit ihren Rucksäcken an (wir haben ja unsere noch im Hotel), eine Ruhe und Gelassenheit macht sich plötzlich breit, ich bekomme sogar jetzt noch beim Schreiben Gänsehaut. Später werden wir erfahren, dass jeder, der den Jakobsweg (Camino de Santiago) geht, gerufen wird. Wir haben auf unserer Reise niemanden getroffen, der nicht dem Ruf des Santiago gefolgt ist, aber hierzu später. Wir beschließen den Pilgerweg mit der Messe zu beginnen und überall dort, wo Kirchen sind, an den Messen teilzunehmen. Und in Santiago de Compostela dann in die große Pilgermesse um zwölf Uhr mittags zu gehen.

Nach der Messe gehen wir ergriffen zurück ins Hotel, checken aus, holen unsere Rucksäcke und laufen zum Bahnhof von Burgos zurück. Strahlender Sonnenschein scheint uns auf den Pilgerweg einzustimmen, ich denke noch darüber nach, ob ich Sonnencreme kaufen muss, denn die Sonne sticht, obwohl es Ende Oktober ist, vom stahlblauen Himmel. Wir haben circa zwei Stunden Zeit, bis unser Zug eintrifft und so genießen wir die Sonne auf der Wartebank am Bahnsteig. Oh wie braun werden wir heimkommen, oh wie anders wird es ausgehen... Im Zug sitzen wir sehr bequem und werden sogar mit Videos bedacht. Tomb Raider auf Spanisch, und wir bekommen sogar kostenlose Kopfhörer vom Schaffner. Nach gut drei Stunden Zugfahrt, währenddessen die Meseta an uns vorbeizieht, erreichen wir unser Tagesziel.

3 Astorga

Der Zug fährt in den Bahnhof von Astorga ein. Zuerst sind wir erst mal erschrocken, die Stadt ist hässlich. Hässliche Wohnsilos ohne Charme. Ok, das kann aber ja nicht das Astorga sein, von dem wir starten wollen. So müssen wir unsere Rucksäcke schultern und dann zur Kathedrale aufbrechen, deren Türme wir schon vom Bahnhof aus sehen. Wieder werden es knapp zwei Kilometer, bis wir an der Kathedrale sind, das alte Astorga liegt auf einem Felsen und ist von einer hohen Stadtmauer umgeben. Ja, das ist so wie, wir es uns vorgestellt haben. Alte Gassen, alte Häuser, wir gehen erst einmal zur Kathedrale, die verschlossen ist. Wir sehen die gelben Pfeile auf der Straße und folgen diesen zu einer Pilgerherberge, die uns aber nicht gefällt. Laut Führer muss es hier in Astorga noch eine neue geben. Und wir durchqueren die gesamte Altstadt, bis wir vor der neuen Herberge stehen. Davor liegen Behinderte in Liegestühlen und unterhalten sich. Sie zeigen uns: Da ist die Herberge. Drinnen angekommen herrscht großes Chaos, denn vor uns ist eine Männergruppe angekommen, durchtrainierte, braungebrannte Spanier im Alter zwischen fünfzig und sechzig. Alle schwitzen und wollen ein Bett für die Nacht, wir natürlich auch. Der Herbergsvater ist ein Portugiese, der spanisch und portugues spricht, nett ist und uns fünf Euro pro Nase für die Übernachtung abnimmt und uns unseren ersten richtigen Stempel in unser Credential macht. Wir schlafen in einem Vierbett Stockbett Zimmer. Aber zuerst stellen wir unsere Rucksäcke ab. Es ist halb sieben abends, uns ist klar: zu essen gibt es hier nichts, also gehen wir zum angrenzenden Park, von dem man eine wunderschöne Aussicht auf die vor uns liegende Steppe hat. Von dort werden wir morgen den zweiten, wichtigeren Teil unseres Abenteuers starten. Am Horizont sind Berge und die warmen Brauntöne der Meseta färben sich in der Sonne golden. Um sieben machen wenigstens ein paar Geschäfte auf und wir gehen wieder zur Kathedrale. Dort gegenüber ist ein Andenkenshop, der meiner Frau auffällt: sehr schöne Sachen hat er, aber für Pilger ist er nichts, denn alles was man kauft, muss man schleppen. Der Chef ist Holländer und er erklärt uns, dass das Haus einem berühmten spanischen Pfarrer gehörte und dass es ein Museum ist, dass wir gerne kostenlos besichtigen dürften. Innen ist wirklich alles so wie vor Jahrhunderten, sehr faszinierend ist die riesige Küche mit der offenen Feuerstelle. Als wir wieder unten im Verkaufsraum ankommen erklärt uns er Holländer, dass er bereits seit zwanzig Jahren hier ist, und für uns scheint dies unser erster Hinweis zu sein: „Es hilft Dir immer jemand weiter!", denn er erklärt uns , wie wir zu einem Restaurant kommen, das vielleicht schon offen haben könnte, denn es ist jetzt schon fast halb acht. Am Restaurant, das sich in den verwinkelten Gassen von Astorga versteckt, angekommen, brennt wenigstens drinnen schon Licht, wir gehen rein und sind alleine mit dem Wirt, der gerade Stühle und Tische rückt und deckt. Klar bekommen wir bei ihm etwas zu essen, er muss nur noch schnell seinen Koch anrufen. Als wir bestellen und jeder einen gemischten Salat essen wollen, meint er grinsend, dass ein Salat reichen würde, da sei er ganz sicher. Danke lieber Wirt, denn die Größe dieses Salates erschlägt uns fast, aber zu zweit werden wir seiner Herr.

Da wir nun satt und müde sind, gehen wir in die Herberge, wo eine kleine Koreanerin über ihrem Tagebuch sitzt und schreibt. Wir duschen schnell und dann nichts wie ab ins Bett, pardon Stockbett, denn morgen früh geht es los, das große Abenteuer.

4 Astorga nach Foncebadon

Astorga – Murias de Rechivaldo - El Ganso - Rabanal –Foncebadon

Über Nacht haben sich noch zwei andere Spanier in unserem Vierbett Zimmer eingefunden. Um sieben klingelt unser Wecker und wir räumen schnell die Rucksäcke und Schlafsäcke aus dem Zimmer, damit unsere Mitbewohner nicht gestört werden, und ziehen uns draußen auf dem Gang an. Die Nacht war ganz schön laut, dauernd lief einer auf die Toilette oder hustete oder schniefte. Kurz kommen wir mit dem spanischen Pärchen, das bei uns im Zimmer schlief, ins Gespräch. Sie haben ihr Auto in Astorga stehen lassen und sind in fünf Tagen mir dem Mountain Bike nach Santiago gefahren. Sie sind nun auf dem Rückweg und fahren mit ihrem Auto nach Hause. Aha, rückwärts geht der Jakobsweg auch... Sie sind mit dem Zug von Santiago de Compostela nach Astorga gefahren. Fünf Tage... Das werden wir wahrscheinlich nicht schaffen. Wir sind um halb acht aufbruchbereit. Draußen empfängt uns kühle Dunkelheit, gestern wurde von Sommer- auf Winterzeit umgestellt. Und wir fragen einen spanischen Pilger, ob denn schon Bars für ein Frühstück offen hätten. Zum Glück spricht er gutes Englisch, was, wie wir noch auf der Reise sehen werden, nicht alltäglich ist. Er begleitet uns zu einer Bar in der inneren Altstadt Astorgas, dort bekommen wir einen großen Café con lecche und ein paar Croissants. So gestärkt ziehen wir um acht Uhr an dem riesigen von Gaudí entworfenen Bischofspalast vorbei, die Kathedrale erscheint majestätisch vor uns. Kurz denke ich noch an das kleine schwarze Kätzchen von gestern Abend, das auf der Kathedrale in luftiger Höhe balancierte und nicht mehr herunterkonnte.

Mit der Kathedrale im Rücken und den gelben Pfeilen auf dem Boden folgend, marschieren wir aus Astorga heraus und genießen das schöne Wetter und die frische Luft. War das Kätzchen gestern ein Hinweis für uns? War der Holländer ein Auftaktereignis, ein Hinweis zu unserem Pilgerweg?

Keine Ahnung, schießt es mir durch den Kopf, aber der Camino soll jedem das geben, was er benötigt, habe ich vorab gelesen. Und da ist einiges, was ich benötige, aber diese Erkenntnis kommt später.

Nach ca. einer halben Stunde Fußwegs erreichen wir die kleine Einsiedelei Ecce Homo. Und obwohl es noch sehr früh am morgen ist, sitzt in der Kirche von Ecce Homo bereits eine ältere Dame, die uns gerne unser Büchlein stempelt. Wir erfrischen uns an dem Brunnen vor der Einsiedelei und weiter geht der Weg. Ich hatte mir ja aufgrund der Lektüre von Internetseiten etc. Sorgen gemacht, dass der Weg vielleicht nicht gut beschriftet sein würde, aber hier ist alles sehr übersichtlich gehalten; gelbe Pfeile und Betonpfeiler mit der Jakobsmuschel drauf.

Sanft zieht der Weg neben der Bundesstraße entlang, wir überqueren auf einer Brücke die Autobahn Autovia del Noroeste und werden aufmunternd durch das Hupen der Autos gegrüßt, die in uns die Pilger mit dem riesigen Rucksack und der Jakobsmuschel mit dem Jakobskreuz dran erkennen.

In Murias de Rechivaldo überholen uns die ersten Pilger und wir denken natürlich, dass wir zu langsam sind. Vielleicht wäre es hier einmal angebracht zu erzählen, wer „wir" sind:

Meine Frau Liliana ist eine Künstlerin mit Leib und Seele. Sie hat ein eigenes Atelier, welches sie eigentlich fast nie wegen zwei Wochen Urlaub im Stich lässt. So hat sie beispielsweise noch in der Nacht vor unserem Abflug bis ein Uhr nachts gearbeitet, nur damit wir um halb fünf Uhr morgens aufstehen konnten, da Sie für einen Kunden noch etwas im Atelier fertigstellen wollte. Die Post hat sie dann am Flughafen aufgegeben, so dass der Kunde sie nach dem Wochenende erhielt. Liliana ist schlank und sportlich, einzig durch die Arbeit kommt sie nicht dazu Sport zu machen, außer unsere Powerplate und unsere Spaziergänge in den Alpen.

Ich bin ein Manager, der bis vor kurzem in New York gearbeitet hat, in der Immobilienbranche. Durch die Finanzkrise ist die Firma, bei der ich gearbeitet

18

habe, insolvent gegangen, oder lag es doch an dem Geschäftsführer, der keine Lust mehr hatte zum Arbeiten. Ich war an der Firma als stiller Teilhaber beteiligt, also ist auch mein Geld flöten gegangen. Ich war früher sehr sportlich, aber der Zahn der Zeit und natürlich die vielen Geschäftsessen haben dafür gesorgt, dass ich jetzt mit meinem Rucksack, ohne Schuhe und Kleidung, 130 Kilo auf die Waage bringe.

Ja, wir beide sind bereit, den Camino zu gehen!

Der Weg geht in einen Schotterweg über, der seltsam grau durch die rote Landschaft und parallel zu den roten Staubstraßen läuft. Schon sehen wir den ersten, von Pilgern aus Steinen zusammengelegten Pfeil mitten auf dem Weg. Grüße sind da aus Steinen gelegt, wie „Love" „Pace" usw. Am meisten beeindruckt uns ein Mosaik aus Blumen und Sträuchern und Steinen der Umgebung, in deren Mitte ein Davidsstern ist. Aha, alle Religionen werden also gerufen? Scheint so.

Der Weg erstreckt sich schnurgerade bis zum Horizont und ganz am Horizont sehen wir die hohen Berge, in denen wir heute Nachmittag in Rabanal halt machen wollen. Wir genießen den schönen Weg, das traumhafte Wetter und jetzt, nachdem einige Pilger freundlich grüßend an uns vorbeigezogen sind, haben wir uns eingelebt. Ich denke laut nach, wann sind wir mal zusammen zehn oder fünfzehn Kilometer mit einem Rucksack auf dem Rücken gegangen? Noch nie, und unsere Beziehung ist nun schon zehn Jahre jung. Aha, alles mit dem Auto gefahren, geht schneller. Die Backpacker habe ich immer nur etwas komisch angeschaut. Jetzt sind wir selbst welche und wissen heute noch nicht, wo und vor allem in welcher Herberge wir schlafen werden. Denn bis wir auf den Camino gingen, haben wir uns immer sehr gute Hotels geleistet, nicht die teuersten, aber doch teure. Das scheint jetzt anders zu werden. Es gibt keine vier oder fünf Sterne Hotels auf dem Camino. Es gibt Herbergen (in so einer haben wir gestern geschlafen), Hostals und Hotels mit maximal zwei Sternen. Ich habe gelesen, dass der Camino jedem das gibt, was er benötigt. Ebenso soll der Camino ein alter Initiationsweg sein, den früher die Druiden, Könige etc. gehen mussten. Auch gab es professionell Läufer, die man buchen konnte und so konnte man früher seiner Sünden befreit werden, ohne selbst zu laufen. Das nötige Kleingeld sollte man dafür aber schon gehabt haben, denn der Läufer war bis zu drei Jahre unterwegs... Es sollen Energiebahnen auf dem Weg laufen, die nur ein Ziel haben: Den Menschen, der Du wirklich bist, herauszuschälen. Nun wer bin ich? Ich habe ja schon etwas über uns erzählt, aber wer wir wirklich sind, das wollen wir auf dem Camino erfahren.

Wir gehen durch Santa Catalina de Somozo und dort hole ich in einer Bar erst einmal eine Flasche Wasser, denn in unserem schlauen Reiseführer, den wir in Zukunft noch oft „schimpfen" werden, steht geschrieben, dass man nur eine halbe Literflasche Wasser mitnehmen soll, denn überall wären Brunnen zu finden, die extra für die Pilger angelegt worden wären. Dass ich nicht lache, nix zu trinken seit Ecce Homo und das ist jetzt schon gut drei Stunden hinter uns. Zum Glück hat das Dörfchen diese eine Bar und ich kaufe zum Wasser noch zwei bestimmt absolut biologische Äpfel, die so aussehen, als könnte man sie halt auf dem Markt nicht mehr verkaufen. Trotzdem schmecken sie. So laufen wir nochmals eineinhalb Stunden gemütlich nebeneinander her und reden über alles, was uns einfällt.

Wir steuern auf El Ganso zu, es wird hügeliger und vor dem Ort ist ein großer Platz für Pilger. Wir laufen weiter und sehen einen Bauern auf dem Weg nach El Ganso hinein stehen, der gerade Pilgerstöcke schnitzt und uns in Spanisch mitteilt, dass die zweite Bar ihm gehöre und dass man dort gut essen könne. Wir folgen seinem Rat und finden eine schmucke Pilgerherberge mit Springbrunnen im Hof. Schade, wir wollen ja in Rabanal übernachten. Also bestellen wir das obligatorische Wasser und ein Bocadillo, ein Riesenbaguette mit Schinken.

20

Die Pause hat uns gutgetan, also marschieren wir guten Mutes auf unser Etappenziel Rabanal zu. Vor Rabanal geht der Weg in einen engen Trampelpfad über. Rechts wird er durch einen Zaun begrenzt, in welchen die Pilger aus Zweigen Kreuze und aufmunternde Parolen gesteckt haben. Sehr oft stecken im Zaun auch richtig zerbrochene Wanderschuhe und zerfetzte T-Shirts. Das Wetter wird langsam immer schlechter und als wir vor der berühmten Pilgereiche vor Rabanal ankommen, fängt es an zu nieseln, sodass wir eine Premiere erleben können, indem wir unsere Rucksäcke in die mitgekauften quietschgelben Regenschutzhüllen einpacken und das erste Mal unsere Regenjacken anziehen. Eine stark ansteigende Hauptstraße führt durch Rabanal zu der Pilgerherberge. Dort angekommen werden wir herzlich von einer älteren Dame empfangen und im Innenhof der Herberge herrscht ein reges Treiben, denn kurz vor uns sind mehrere spanische Pilger angekommen. Wir bestellen uns etwas zu trinken und ein Tortilla, als zwei Pilgerinnen eintreffen. Die beiden sprechen Englisch miteinander und wir sind froh, endlich mal eine uns bekannte Sprache zu hören und kommen mit ihnen ins Gespräch. Die eine ist aus den Niederlanden, die andere ist eine Abiturientin aus Deutschland. Während wir mit ihnen in die Wirtstube gewechselt sind, erfahren wir, dass die Holländerin in Amsterdam losgelaufen ist und die Abiturientin in St. Jean de Pied de Port. Beide wollen noch weiterlaufen nach Foncebadon, weil sonst die morgige Etappe zu weit wäre und die Spanier in allen Medien „mucho frio", also große Kälte und Schnee für unsere Route über das Cruz de ferro vorhersagen. Wir entschließen uns, mit den beiden nach Foncebadon weiterzugehen, da wir keine Lust haben uns am nächsten Morgen bergauf durch den Schnee zu kämpfen, zumal unser Reiseführer den Anstieg als mittelschwer bezeichnet. So essen wir zu Ende und machen uns wieder auf die Beine nach Foncebadon. Es ist jetzt kurz vor vier Uhr nachmittags, wir sollten den Aufstieg also noch vor Einbruch der Dämmerung schaffen, da die Strecke in unserem Führer mit schlappen fünf Kilometern angegeben ist.

Kurz nach Rabanal gehen wir noch ein gutes Stück auf der Asphaltstraße, bis der Weg von der Passstraße links abzweigt und als Trampelpfad weitergeht. Der Blick nach hinten über unsere Schulter ist phänomenal, die weite Ebene bis Astorga liegt hinter uns. Nach gut einer Stunde Aufstieg fängt ein heftiger Schneeregen an, Nebel zieht auf, so dass wir kaum mehr zehn Meter weit sehen können. Zum Glück geht der Weg jetzt wieder an der Passstraße entlang und in einer Rechtskurve führt ein alter Karrenweg nach Foncebadon hinein. Hier stehen viele Ruinen und nichts erzählt von dem Glanz, welches dieses Passdorf früher hatte. Vor tausend Jahren wurde hier sogar ein Konzil abgehalten. Wir machen uns Sorgen, dass die Herberge voll oder geschlossen ist, denn mittlerweile bricht die Dämmerung herein, die Nebelfetzen fliegen durch den Ort und wir sehen kaum die Hand vor Augen. Endlich in der Mitte des Ortes sehen wir eine Herberge mit Bioladen. Ja, hier bleiben wir, weiter gehen wir nicht mehr. Drinnen angekommen empfängt uns wohlige Wärme und eine geschäftstüchtige Spanierin, die gerne unsere Pilgerpässe entgegennimmt, diese abstempelt und uns ein Bett für die Nacht gegen eine Gebühr von fünf Euro verkauft. Drinnen im Gastraum stehen grob gehauene Tische mit Bänken, an denen schon einige Pilger sitzen, ebenso finden wir hier unsere beiden Pilgerinnen aus Rabanal wieder. Der Schlafraum mit zwanzig Betten ist im ersten Stock, dort soll auch die einzige Toilette und Dusche sein. Wir haben das Glück, ein Doppelstockbett zu bekommen und können heute Nacht nebeneinander liegen. Als wir vom Duschen zurückkehren, stellen wir fest, dass der Raum sich sehr stark gefüllt hat, es sind noch Engländerinnen angekommen und ebenso ein französisches Ehepaar. Wir beschließen, erst einmal in den Gastraum hinunterzugehen, da die Heizungen im Schlafraum, wie so oft in den Herbergen, erst ab sieben Uhr abends laufen und wir keine Lust haben, zu frieren. Unten im Gastraum angekommen ist noch ein deutscher Pilger anwesend, der sich in ein Buch über Energiepunktmassage vertieft hat. Wir kommen in das Gespräch mit ihm, und er erzählt uns, dass er seit gestern hier ist. Er klagt uns sein Leid, dass er bereits das vierte Paar Schuhe gekauft hat und die andern alle nach Deutschland zurückgeschickt hat. Jetzt macht er sich Sorgen, weil der

Wetterbericht Schnee über Nacht vorhergesagt hat und er hat nur gut gelüftete und leicht gearbeitete Wanderschuhe dabei. . Mit diesen möchte er morgen nicht durch den Schnee laufen und erklärt uns, dass, wenn morgen Schnee liegt, er noch eine Nacht bleibt.

Im Laufe des Abends wärmen wir uns an dem offenen Feuer auf und dieser Platz ist ein Treffpunkt auch der anderen Pilger. So haben wir die Möglichkeit, die Holländerin und die Deutsche besser kennen zu lernen wie bereits schon erwähnt, kommt die Holländerin aus Amsterdam und die Deutsche aus der Gegend um Weil am Rhein. Die Deutsche heißt Margarethe und sie erzählt uns ihre Geschichte. Ihr Vater ist Braumeister in einem kleinen Dorf bei Weil am Rhein und sie haben einen Bauernhof und ihre Mutter hat diesen Ort noch nie verlassen. Als sie ihr Abitur gemacht hat, wusste sie nicht, was sie als nächstes tun soll, ob sie studieren soll oder nicht, also beschloss sie den Jakobsweg zu gehen. Auf dem Jakobsweg hatte sie sich einige Erkenntnisse erhofft, die ihre Zukunft betreffen. Als wir daraufhin nachfragen welche Erkenntnisse Sie denn schon gewonnen hat, ergeht sie sich in langwierigen Erklärungen, aber am Ende kommt heraus dass sie außer Muskelkater noch keine Erkenntnis gewonnen hat. Die Holländerin heißt Maida und erzählt uns dass sie in Amsterdam selbstständig war als Interiordesignerin, ihr aber dieser Job keinen Spaß mehr gemacht hat. Jeden Tag wurde sie von reichen Kunden angerufen und sie musste dann nach Singapur, nach New York, nach London fliegen, kurz die ganze Welt bereisen, um gerade diesem Kunden ein spezielles Bett zum Beispiel herauszusuchen. Sie war ständig für Kunden da, saß auf Abruf bereit und kümmerte sich um die Wehwehchen und Sorgen eben dieser. Dann hat sie im Juli keine Lust mehr gehabt, hat alle Kunden angeschrieben, dass sie sich nicht mehr bei ihr melden sollen und dass sie weg ist. Ihr Ehemann ist zuhause geblieben, da er nicht frei bekommen hat, sie hat alles aufgegeben in Amsterdam und ist losgelaufen Richtung Santiago. In Belgien hat sie dann den Zug genommen und durch Frankreich ist sie wieder zu Fuß gelaufen. Sie hat uns erzählt, dass Ihre Großmutter immer ihr Sponsor war, wenn sie auf Reisen gehen wollte und ihre Großmutter wollte, dass sie viel unterwegs ist. Am 14.11. hat die Großmutter Geburtstag, ist leider aber schon gestorben, und so will Maida ihr zu Ehren am 14.11. in Santiago sein.

Ebenso lernen wir eine nette ältere Schweizerin kennen, die vom Bodensee aus losgelaufen ist und nun schon auch einige Zeit unterwegs ist, die uns erklärt, das sie im Amt in dem sie arbeitet nicht mehr so viel Spaß hatte und auf den Jakobsweg gerufen wurde. Ja, da ist es wieder: die Menschen werden gerufen auf den Jakobsweg… aber wie geschieht das und wer ruft sie? Mit diesen Gedanken gehen wir in unser Bett und freuen uns, den ersten Tag geschafft zu haben. Morgen früh wollen wir nach Molinaseca oder vielleicht sogar nach Ponferrada laufen. Aber vor dem Morgen kommt die Nacht … was wir nicht bedacht haben, wenn man zu zwölft in einem Raum schläft, kann es sein dass mindestens eine Person schnarcht, und das tut diese Person ausgiebig! Ab 11:00 Uhr nachts donnert ein Sägewerk durch den Schlafraum. Bis jetzt habe ich noch nicht erlebt, dass ein Mensch solche Geräusche von sich geben kann, aber dieser Mensch tut es! Um 3:00 Uhr nachts ist endlich Ruhe und (wir nennen sie Ratzekopf) sie schläft mucksmäuschenstill. Jetzt müssen wir uns erst daran gewöhnen, dass es totenstill ist im Raum, nur das gleichmäßige Atmen unserer Zimmergenossen ist zu hören. Um sieben klingelt der Wecker, und wir stehen erst mal noch nicht auf, denn nun geht der Run auf das Badezimmer los. 12 Personen, eine Dusche, eine Toilette, ein Waschbecken, wieso sollen wir uns hetzen? Genüsslich kuscheln wir uns in unseren Schlafsäcken aneinander und diskutieren über Ratzekopf. Endgültig fällen wir die Entscheidung: nie mehr in derselben Herberge wie sie! Um 7:30 Uhr ist der Spuk des Waschens vorbei, und die meisten Mitbewohner sind schon auf dem Weg nach unten zum Frühstück.

5 Foncebadon nach Ponferrada

Gemütlich packen wir unsere Sachen in unseren Rucksack, machen Katzenwäsche, putzen die Zähne, schlüpfen in unsere immer noch nassen Schuhe und gehen um acht zum Frühstücken. Die Herberge hat auch einen Bioladen und das Frühstück besteht hauptsächlich aus leckerem Kaffee, Milch, Honig und Brioche. Die heutige Etappe soll 26 Kilometer lang sein, also stärken wir uns ordentlich und starten um 8:30 Uhr im Nieselregen zum Cruz de Ferro, dem Eisernen Kreuz, welches eine Dreiviertelstunde auf 1504 m liegend auf uns wartet. Wir erreichen das Cruz de Ferro oder wie es auf Castellano heißt, das Cruz de Hierro, nach circa 30 Minuten. Es hat aufgehört zu regnen, am Horizont im Westen sieht man die Sonne, obwohl sie ja im Osten aufgeht, und wir steigen auf dem großen Steinhaufen, der das Cruz de Ferro umgibt, nach oben. Seit langem werfen Pilger hier einen mitgebrachten Stein ab, stellvertretend für die Lasten, die sie zu tragen haben und derer sie sich mit der Pilgerfahrt zum Apostel Jakobus des Älteren entledigen können. Sehr viele in deutsche Steine liegen dort, auf denen mit Edding zum Beispiel geschrieben steht: nicht geliebt zu werden, nicht gesehen zu werden, krank zu bleiben etc. Dieser Moment wenn man auf all den Steinen steht, ist sehr bewegend, und fast jeder den man hier trifft, hat Tränen in den Augen. Wir werfen unseren Stein auch ab und gleichzeitig schicke ich eine SMS nachhause zu einem Geschäftspartner, in der steht, dass sich keine Marionette mehr sein will und bis zum 9.11. im Urlaub bin. Dann mache ich frohen Mutes das Handy aus und wir verlassen das Cruz de Ferro Richtung Manjarin, einem kleinen Bergdorf, das verlassen ist, in welchem aber eine kleine Pilgerherberge ist, die von Templern aus Ponferrada betrieben wird. Dort angekommen bietet sich uns ein pittoreskes Bild: das Dorf ist vollkommen verlassen, nur in der Mitte steht diese Pilgerherberge am Straßenrand mit vielen Tieren, Sir Thomas, dem Templer, der für jeden Pilger einen Kaffee bereithält. Der Ort sieht zwar sehr desolat aus, aber hier ist es sehr gemütlich. In einer alten Trommel einer Waschmaschine hat Sir Thomas Feuer gemacht, das er immer mit einem Eisenrohr anfacht. Neben der heißen Trommel kuscheln ganz kleine junge Kätzchen und genießen die Wärme. Wir spenden Sir Thomas zwei Euro, trinken einen Kaffee, freuen uns an der guten Stimmung des Ortes und gehen weiter Richtung El Acebo. Wir unterhalten uns darüber, dass Sir Thomas ja eigentlich nichts hat, außer einem Dach über dem Kopf, das er mit einer Plastikplane abdeckt. Aber trotzdem sah er glücklich aus, wie er bei vier Grad Außentemperatur in kurzer Hose barfuß in seinen Badelatschen bei den Pilgern im Freien stand. Nach Manjarin steigt der Weg noch mal an, um dann (so steht es in unserem Reiseführer) nur noch nach unten zu gehen. Angesetzt sind für die heutige Etappe acht Stunden, und wir sind nun bereits fast zwei unterwegs. War der Aufstieg beschwerlich, so ist der Abstieg die Hölle. Durch loses Geröll steigen wir fast zwei Stunden nach El Acebo ab, die Oberschenkel brennen wie Feuer, die Füße sind von den Steinen unter unseren Sohlen ganz wund . So gönnen wir uns dort in einer Bar erst einmal ein Boccadillo, einen Milchkaffee und eine große Flasche Wasser. Ein Spanier, der mit uns im gleichen Zimmer in Foncebadon geschlafen hat, kommt humpelnd in die Bar und erklärt uns auf Englisch, dass er kaum weiterlaufen kann, weil ihm seine Hüfte sehr weh tut. Wir stellen fest, dass wir bis jetzt sehr viel Glück gehabt haben. Keiner von uns hat Knieschmerzen, nur ich habe mir einige Blasen gelaufen und dank Blasenpflaster hat Lil alles bis jetzt gut überstanden. Nachdem wir uns gestärkt haben, steigen wir weiter ab von El Acebo nach Riego de Ambros, welches noch circa 4 km entfernt ist. In Riego de Ambros befindet sich eine Pilgerherberge und es soll einen Brunnen geben. Erschöpft kommen wir dort an, finden aber mal wieder keinen Brunnen. Zum Glück haben wir in El Acebo eine Flasche Wasser mitgenommen, so dass wir jetzt etwas zu trinken haben. In Riego de Ambros gibt es keine Bar, es ist ein malerisches Dörfchen mit alten Häusern aus Natursteinen und wir steigen auf einer alten

Maultierstraße bergab Richtung Molinaseca, welches zwar nur 4 km entfernt ist, was aber nach unserem Reiseführer gute zwei Stunden Weg bedeutet. Wir essen leckere Brombeeren von den Sträuchern und genießen die Sonne und am Horizont weit entfernt, sieht man Ponferrada, eine große Industriestadt. Und wir lernen: Selbst wenn man ein Ziel sieht, kann alles noch sehr lange dauern bis man dort ankommt. Die letzten 2 km nach Molinaseca gehen steil bergab auf dem Maultierpfad, und ich wundere mich, dass weder meine Oberschenkel noch meine Knie bis jetzt ihren Dienst versagt haben. Als wir um die letzte Kurve des Maultierpfads biegen, sehen wir Molinaseca vor uns. Das Dorf wird durch den Rio Meruelo geteilt, der gemächlich unter der Brücke aus der Römerzeit hindurch fließt. Wir machen Rast auf einer Bank oberhalb des Flusses und wechseln erst mal unsere Schuhe, denn unsere Füße sind dermaßen beansprucht von dem weiten Weg und dem Abstieg, dass die Schuhe zu klein geworden sind und so stoßen unsere Zehen schmerzhaft an den Schuhspitzen an. Über die Brücke aus der Römerzeit gehen wir in den Ort und stellen fest, wie immer in Spanien um die Uhrzeit, alle Läden haben zu, alle Bars sind geschlossen, nur ein Getränkeautomat hält ein isotonisches Getränk für uns bereit. So versuche ich mein Glück mit 50 Cent Münzen und tatsächlich nach der zweiten Münze, spuckt der Automat das Getränk aus. Ein alter Mann kommt lächelnd auf uns zu und erzählt uns, während wir erschöpft am Boden auf der Straße sitzen und unser Getränk trinken, wild gestikulierend, dass die heutigen Gebäude gar keine richtigen Mauern mehr hätten. Er zeigt uns ein altes Haus und erklärt, dass die Mauern hier 96 cm dick sind. Dann zeigte er uns ein neues Restaurant, welches ähnlich ausschaut, und erklärt abfällig, dass die Mauern hier nur 12 cm dick sind. Er meint, im Winter könne man darin nicht leben, denn die Mauern wären zu dünn, und es würde zu kalt werden. Molinaseca ist ein wunderschöner Ort wie aus dem Mittelalter, aber wir überlegen uns, weiter bis Ponferrada zu gehen, damit die morgige Etappe nicht zu lange wird. Unser Reiseführer erklärt uns, dass es noch zwei Stunden bis Ponferrada sind, und so marschieren wir (noch) frohen Mutes weiter. Was wir dabei aber nicht bedacht haben ist, wir haben unsere Wanderschuhe ausgezogen und laufen in leichten Sneakers, welche bestimmt nicht für eine Strecke von mindestens 10 km geeignet sind, und wir haben die leichte Steigung, die in der Karte im Reiseführer steht und sich über eine Strecke von 4 km hinzieht, übersehen. Die Sonne scheint vom Himmel es ist jetzt nachmittags gegen 2:00 Uhr, und der Weg führt auf einem Gehweg an der stark befahrenen Straße aus Molinaseca nach Ponferrada entlang. Die Asphaltstraße tut ihr übriges, um unsere geschundenen Füße und Knochen weiter zu belasten, jeder Schritt kostet Überwindung und schmerzt bis in die Zähne. So etwas habe ich bis jetzt noch nie erlebt, es ist ein Brennen von den Fußsohlen bis zu den Hüften. Bei jedem Schritt glaubt man, dass man über glühende Asche läuft. Nach einer Stunde erreichen wir Campo und wechseln nun vom Gehweg und der Straße auf einen Schotterweg. Jeder Stein macht sich unter der Schuhsohle derart bemerkbar, dass man das Gefühl hat auf Reissnägeln zu laufen. Von Campo aus führt der Weg wieder auf der Asphaltstraße nochmals circa 5 km nach Ponferrada. Am Ortsschild von Ponferrada angekommen, halten wir uns rechts Richtung Kathedrale und als wir die steile Brücke sehen, die über den Rio Boeza führt, entschließen wir uns zu einer spontanen Rast. Wir haben eine Apotheke gefunden, und nach dem jetzt jeder Knochen in unserem Körper und jeder Muskel in unserem Körper wehtut, entschließe ich mich in der Apotheke nach einem Massage Öl zu fragen. Die Apothekerin ist sehr nett und empfiehlt mir zuerst Aspirin und dann Massagil zum Einreiben. Wenn ich gewusst hätte, wie gut dieses Massagil wirkt, hätte ich diese Frau an Ort und Stelle heilig gesprochen! Jeder von uns nimmt eine Aspirin mit Wasser und wir schleppen uns die Brücke herauf zur Hauptstraße von Ponferrada und ich motiviere Lil, die einen untrüglichen Blick für gute Unterkünfte hat, eine auszusuchen. Die einzige Einschränkung ist: Maximal noch 5 Minuten laufen! Lil findet sofort in Ponferrada eine schöne Pension und wir gehen stinkend und verschwitzt, so wie wir sind mit unseren Rucksäcken zur Rezeption. Und dort treffen wir, so denken wir, auf einen Engel: die Dame an der Rezeption spricht perfektes Deutsch und gibt uns 30% Rabatt auf ein Zimmer mit Bad. Pilger werden hier sehr hoch angesehen, stellen wir fest. Im Zimmer angekommen, lassen wir uns zuerst aufs Bett fallen und dann inspizieren wir das Bad: ein riesiger Whirlpool lacht uns an! Leider ist er mehr Schau und funktioniert nicht, aber das ist uns in diesem Moment egal. Sofort lassen wir das Wasser ein und legen uns mit unseren geschundenen Gliedern ins warme Wasser. Tut das gut! Nachdem jeder von uns mindestens eine halbe Stunde gebadet hat, reiben wir uns die Beine mit Massagil ein und beschließen noch einen kleinen Stadtrundgang zu machen. Ponferrada hat eine lange Geschichte und wir wollen uns zumindest die alte Templerburg anschauen. Die Treppe können wir leider nicht mehr nehmen, das lassen unsere Oberschenkel nicht mehr zu. Also warten wir sehnsüchtig auf den Aufzug, der uns ins Erdgeschoss bringt. Wir unterhalten uns darüber, wie absurd es ist, 35 km zu laufen und dann nicht mehr die Kraft zu haben, die Treppe zu nehmen. Wir laufen auf der Hauptstraße in Ponferrada weiter und kommen zur Templerburg, welche sehr majestätisch auf einem Felsen liegt. Diese Burg aus dem Hochmittelalter ist von der Anwesenheit der Templer im 11. bis 13. Jahrhundert übrig geblieben. Es ist jetzt 6:00 Uhr abends und wir haben, wie immer um diese Zeit, Hunger und wie immer um diese Zeit, hat kein Restaurant offen und in den Bars gibt es jetzt nichts mehr zu essen. Unser schlauer Reiseführer erklärt uns aber, dass es in Ponferrada eine Fast Food Kette gibt. So machen wir uns auf die Suche nach dieser, jedoch auf dem Rathausplatz klärt uns eine Dame auf, dass diese Fast Food Kette ihre Niederlassung circa 1 km entfernt im Außenrand der Stadt hat. Das ist uns entschieden zu weit, und so beschließen wir, zurück ins Hotel zu gehen, dort zu fragen ob wir etwas zu essen bekommen, oder wenn das nicht der Fall ist, eben mal wieder bis 9:00 Uhr abends zu warten. Das Hotel hat eine wunderschöne Bar und dort versuchen wir die Bedienung zu überzeugen und ein Boccadillo zu machen, was diese aber leider abgelehnt, da alle Boccadillos bereits aufgegessen sind. Sie hat ein bisschen Erbarmen mit uns und serviert uns Kartoffelchips. Die Information, dass das Restaurant um 7:30 Uhr aufmacht, beruhigt uns etwas, und so gehen wir auf unser Zimmer. Dort strecken wir unsere müden Glieder auf dem Bett aus und warten, lassen den Tag revue passieren, und wundern uns, dass sich unser Körper doch sehr schnell erholt hat. Punkt 7:30 Uhr stehen wir wieder vor dem Aufzug und fahren hinunter ins Restaurant, wo wir mit einem Lächeln im Gesicht feststellen, dass außer uns noch ein Pärchen da ist, auch Pilger, auch hungrig, wie es scheint. Es gibt genau ein Essen, nämlich das Menü des Tages, welches wir voller Freude bestellen. Zum Glück hat uns die Bedienung bereits Brot auf den Tisch gestellt, über welches wir uns sehr hungrig hermachen. Wir denken darüber nach wie es die anderen Pilger machen, denn wir haben auf dem ganzen Weg keinen einzigen Supermarkt gesehen, indem man sich verpflegen könnte. Wir jedenfalls lassen uns das Essen schmecken und stellen fest, dass wir, obwohl wir viel zu großen Hunger hatten, jetzt fast nichts essen können. Das ist etwas Neues, denn zu erschöpft um zu essen, war ich bis jetzt noch nie gewesen. Nach dieser Erfahrung begeben wir uns in unser Hotelzimmer und fallen todmüde ins Bett, wir besprechen noch die Erlebnisse des Tages und können uns gar nicht vorstellen, dass wir erst zwei Tage unterwegs sind. Die Nacht verläuft sehr unruhig da unser Körper überall schmerzt, und wir nicht wissen, wie wir uns legen sollen.

6 Ponferrada nach Villafranca del Bierzo

Um halb 8:00 Uhr morgens klingelt der Wecker und wir stehen von Muskelkater geplagt auf. Wir können uns nicht vorstellen heute auch nur einen Schritt zu gehen, aber nachdem wir unsere Beine mit Massagil eingerieben haben, stellen wir fest: dieses Mittel wirkt. Wir frühstücken ausgiebig in der Hotelbar, packen unsere Rucksäcke auf den Rücken und gehen an der Templerburg vorbei, über den Rathausplatz, Richtung Columbrianos. Auf dem Weg treffen wir unseren deutschen Mitpilger aus Foncebadon, Andreas, der sich, so scheint es, in Ponferrada verlaufen hat und ohne Ziel auf dem Rathausplatz hin und her läuft. Wir begrüßen ihn und er schaut uns nur mit fragenden Augen an, und erst als er seine Stöpsel aus den Ohren nimmt, verstehen wir, dass er uns nicht hören konnte. Zusammen gehen wir den Weg von der Altstadt hinunter durch Ponferrada Richtung Columbrianos. Ponferrada ist einfach eine ganz normale Stadt und wir kommen uns zwischen all den normalen Leuten, die zur Arbeit gehen, ziemlich deplatziert vor. So müssen sich Bettler oder Obdachlose fühlen, die durch eine Stadt laufen. Als wir endlich aus Ponferrada heraus gelaufen sind stellen wir beide fest, dass wir vor lauter Müdigkeit gestern vergessen zu haben uns unseren Stempel in unser Pilgerbuch geben zu lassen. Also suchen wir nach einer Möglichkeit einen Stempel zu erhalten. Leider ist es noch zu früh am Morgen, so dass die meisten Geschäfte geschlossen haben und Bars haben wir auch nicht gesehen. Nach fast zwei Stunden Fußweg erreichen wir Columbrianos und kehren dort in einer Bar ein. Auf meine Frage ob der Wirt uns ein Stempel in unser Pilgerbuch geben kann, antwortet er lachend „si claro!". Glücklich, dass wir diese Etappe nun nachweisen können, ziehen wir unseres Weges weiter Richtung Fuentes Nuevas, welches eine gute Stunde entfernt liegt. Nachdem Ponferrada eine Industriestadt ist und wir uns dort mit unseren Rucksäcken und als Pilger völlig fehl am Platze vorgekommen sind, tut es sehr gut, nun durch landwirtschaftlich orientierte Landschaft zu wandern. Wir sehen am Straßenrand sehr oft hohe Mauern, Zäune, Einfriedungen, die ein Grundstück umgeben, und welche uns sehr prachtvoll erscheinen, jedoch auf dem Grundstück befindet sich nur ein Obst- und Gemüsegarten. Wie kommen uns ein bisschen vor wie in einer Hollywoodkulisse, wo die Fronten üppig sind und der Hintergrund aus Pappe ist. Fuentes Nuevas ist ein kleines Dorf mit wunderschöner Hauptstraße und alten Häusern und vor jedem Haus liegt ein Hund in der Sonne. Aber statt uns Pilger zu jagen oder zu bellen, scheinen die Hunde an unseren müden Schritten zu erkennen, dass wir keine Gefahr darstellen und so spitzen sie noch nicht einmal die Ohren, als wir vorbeiziehen. Heute gehen wir einen sehr ebenen Weg, der nicht sehr abwechslungsreich scheint, und so kommen wir beide ins Diskutieren. Lil schimpft, sie kann es nicht glauben, dass wir unseren Jahresurlaub dafür verwenden, mit Schmerzen in den Knochen und wunden Füßen durch Kastilien zu ziehen. Sie meint, es wäre doch viel schöner, wenn wir jetzt am Strand liegen könnten und uns die Sonne auf den Bauch scheinen lassen würden. Ich entgegne, dass ich auch kaum noch vorwärts laufen kann, aber da wir allen zuhause erzählt haben, dass wir den Jakobsweg gehen, kann ich mir nicht vorstellen, wie groß die Blamage wäre, wenn wir ohne die Compostela heimkehren würden, also ohne die Urkunde die jeder Pilger nach erfolgreicher Pilgerfahrt erhält. Sie meint, dass das stimmen würde und dass wir uns wahrscheinlich zu wenig Zeit und zu lange Etappen ausgesucht hätten. Denn bis jetzt sind wir jeden Tag mindestens 30 km gelaufen, und als „Schreibtischtäter" und völlig ohne Training, ist dies eine ziemlich heftige Leistung. Camponayara ist das nächste Ziel auf unserer Etappe, und wir gehen ewig lange durch diesen Ort auf dem Gehweg entlang, bis wir einen wunderschönen Platz finden, mitten im Ort, mit einem Brunnen und Bänken, die von Rosen überdacht sind. Hier müssen wir rasten beschließen wir und ich ziehe los zum Kiosk, der zum Glück nur 5 m entfernt steht und kaufe uns erst mal was zu trinken und ein obligatorisches Boccadillo. Unsere Beine tun weh, unsere Füße sowieso und so nutzen wir diese Pause, um uns unserer Schuhe zu entledigen. Wir liegen auf den Bänken, das Gesicht nach oben zur Rosendecke und sinnieren darüber nach, was uns denn dazu bewogen hat, diesen Weg zu gehen. Überall in den Bars haben wir gehört, dass in Spanien und in der Gegend, in der wir uns befinden, ein starker Wintereinbruch begonnen hat und jeder warnt uns davor, über den berüchtigten O Cebreiro, den schwierigsten Berg, der morgen vor uns liegt, zu gehen, ohne entsprechende Winterausrüstung. Winterausrüstung ist der richtige Ausdruck, heute scheint zwar die Sonne, aber ein eisiger Wind pfeift uns entgegen. Ich hatte bis jetzt immer ein Bild von Spanien, in dem stand: Auch im Winter mindestens 20°, wir aber schlagen uns hier mit drei bis 5° Außentemperatur herum. Das ist einerseits ganz gut, andererseits aber zermürbt der kalte Wind und kriecht durch die Hosenbeine an jeden Knochen. Nachdem wir wieder unsere Schuhe angezogen haben, und das nicht ohne über uns selbst zu schimpfen, gehen wir weiter in das gut eine Stunde entfernte Cacabelos. Heute ist der Weg irgendwie zermürbend, wir haben uns noch nicht körperlich an die weiten Strecken und die stundenlange Anstrengung gewöhnt, und man merkt, dass bei jedem Schritt die Kraft weniger wird. Wir unterhalten uns darüber und sind sehr demoralisiert, denn wir haben noch gut vier Stunden vor uns. Irgendwie haben wir uns das Pilgern einfacher vorgestellt. Nach gut einer halben Stunde verändert sich die Landschaft endlich und Weinberge lachen uns entgegen. Tatsächlich sind einige Trauben noch nicht geerntet und so springen wir in die Reben und laben uns an den sehr süßen, roten Trauben. Die Trauben verfehlen ihre Wirkung nicht, beziehungsweise der Traubenzucker in den Trauben, und wir erhalten einen neuen Energieschub. Wir haben jetzt schon mehrmals auf dem Weg festgestellt, dass immer dann, wenn wir nicht mehr können, etwas erscheint oder um die Ecke biegt, oder ein Hund will spielen, dann sind wir abgelenkt und es geht weiter. Wir finden das sehr interessant. Trotz unserer Stärkung an den Weintrauben erreichen wir Cacabelos völlig k.o. Lil findet direkt an der Hauptstraße ein wunderschönes Restaurant im Stil einer Westernkneipe, in welchem wir aus dem ersten Stock einen schönen Blick über die Hauptstraße mit den vorbeiziehenden Pilgern haben und zusätzlich ist es das erste Mal, dass ein Restaurant kurz nach Mittag etwas zu essen hat. Wir bestellen zwei Tortillas und reden darüber, wie wir morgen die schwierige Tour über den O Cebreiro vielleicht mithilfe eines Busses oder eines Taxis abkürzen können. Wir diskutieren eine halbe Stunde das Für und

Wider und plötzlich sehe ich ein Blitzen in den Augen von Lil und wir wissen, dass wir beide das gleiche denken: Abkürzen gibt's nicht! Entweder wir schaffen die Strecke zu Fuß oder wir geben ganz auf und fahren morgen ans Meer. Plötzlich kommt uns die Erkenntnis, dass wir uns viel mehr Gedanken darüber gemacht haben, wie wir den Berg umgehen können, als darüber wie wir den Berg bezwingen können. Mir wird klar und das tue ich auch kund, dass wir im Leben viel zu nett gewesen sind, viel zu nett zu unseren Kollegen, zu unseren Kunden, ja sogar zu unseren Freunden. Und jetzt fragen wir uns, warum wir so nett gewesen sind. Vielleicht, weil wir akzeptiert werden wollten, und das Gefühl hatten, nur dann gute Menschen zu sein, wenn wir unsere Ansprüche hinten anstellten und immer für die anderen zur Verfügung standen. War das nicht auch der Grund von Maida, weswegen sie ihre Arbeit in Amsterdam hingeschmissen hat? Ja, eindeutig. Wir sitzen weiter in dem Restaurant und sinnieren: Wir sind beide klug, haben Ausstrahlung, am Anfang respektieren uns die Menschen, aber dann beginnen uns viele auszunutzen. Ach so, ich habe ein eindeutiges Abgrenzungsproblem und Lil? Lil kann das besser als ich! OK, dann bin ich auf dem Jakobsweg gelandet, weil ich lernen muss, mich abzugrenzen und härter zu werden. Lil gibt sogar zu, dass dieses Abgrenzungsproblem und dieses Problem es allen recht machen zu wollen, bei ihr dazu geführt hat, dass auch sie mich oft nicht ernst nimmt. Jetzt fällt es mir wie Schuppen von den Augen, ich habe zu oft nachgegeben, nicht deshalb, weil ich zu schwach bin, sondern weil ich immer das Beste für mein Gegenüber wollte. Und wenn jemand sich nicht rar macht und immer zur Verfügung steht, dann scheint es so, dass der andere den Respekt verliert und beginnt oder es leicht hat, mich auszunutzen. Und hier an diesem Tag zu dieser Stunde ist Schluss bei mir! Voller Zorn gegen mich selbst, zahle ich unsere Rechnung, und wir gehen forschen Schrittes auf Villafranca del Bierzo zu. Hier in Cacabelos ist der alte Paul gestorben, aber es ist uns klar, dass der neue Paul erst richtig auf dem Weg geboren werden muss. Und wird auch eine neue Lil geboren? Diese Frage können wir hier noch nicht beantworten, aber im Laufe des Weges nach Santiago wird sich das wohl noch zeigen.

Schimpfend ziehe ich die Steigung nach Pieros hinauf, und bei jedem Schritt sage ich: „Du hast hier jeden Schritt auf diesem harten Weg verdient! Lerne hart zu werden!" als wir nach gut drei km oben in Pieros angekommen sind, hat sich mein Zorn gelegt und ich laufe mittlerweile mit einem Lächeln auf den Lippen auf Villafranca del Bierzo, das wir bereits links von uns am Horizont sehen können zu. Die letzten vier km nach Villafranca führen über sehr steinige Staubstraßen bergauf und bergab und mittlerweile sind unsere Füße so empfindlich, dass sie trotz der dicken Sohle unserer Wanderschuhe jeden Stein, der unter dem Schuh liegt, schmerzhaft erfühlen. Villafranca del Bierzo liegt in einem kleinen Talkessel direkt vor uns und scheint zum Greifen nahe, jedoch müssen wir feststellen, dass es eine weitere Stunde dauert, bis wir am Ortsschild angekommen sind. Die Stadt wird wegen der vielen Kirchen und Pilgerherbergen auch das kleine Santiago genannt, und die Kirche Santiago mit ihrem Tor der Vergebung und dem Pilgerfriedhof zeugt davon, dass hier seit dem 12. Jahrhundert viele Pilger angekommen sind und nicht mehr weiterkonnten. Dieses Tor der Vergebung hat eine besondere Bedeutung: wer auf dem Pilgerweg erkrankte und daher auf den Weiterweg verzichten musste, bekam bereits hier die Absolution und der nahe Pilgerfriedhof zeigt, wie oft das anscheinend nötig gewesen ist. Wir steigen die sehr steilen Straßen zum Hauptplatz von Villafranca del Bierzo herab und wieder entpuppt sich Lil als absoluter Spürhund für schöne Unterkünfte. Wir checken als einzige Gäste ein und genießen den Komfort eines kleinen Hotels in dem kleinen Ort. Uns war klar, dass wir nach dieser Strapaze heute nicht in der Pilgerherberge mit allen übernachten wollten, und so ließen wir uns wieder mal ein schönes Bad in der Wanne ein. Obwohl wir wie immer kaum noch laufen können, ist die Erkenntnis, die wir in Cacabelos erlangt haben, so wichtig für uns, dass wir beschließen, noch eine kleine Runde durch den Ort zu drehen, um vielleicht eine Kleinigkeit zu essen. Natürlich nehmen wir den Aufzug nach unten. Auf dem Weg zum Hotel sind wir an einer Fleischerei vorbeigekommen, in der ich leckere Würste gesehen habe. Ich habe jetzt so große Lust auf eine luftgetrocknete Wurst, dass ich einfach dorthin gehen muss. Ich trete ein in die Fleischerei und es empfängt mich der süßliche warme Geruch von frischem Fleisch. Zwar rebelliert mein Magen wegen des Geruches, aber ich kaufe zwei abgepackte Würste, mir klar darüber seiend, dass ich diese heute bestimmt nicht mehr essen werde. Villafranca del Bierzo ist sehr klein und so entschließen wir uns gleich neben unserem Hotel in eine Bar zu gehen. Da es erst kurz nach 7:00 Uhr abends ist, können wir nur Pommes Frites bestellen, aber nach diesem anstrengenden Tag waren es die besten, die wir je gegessen haben. Nach dem Mahl gehen wir wieder in unser Hotel zurück und fallen mal wieder todmüde in unser Bett.

7 Villafranca del Bierzo nach La Faba

Der nächste Morgen hält eine böse Überraschung für uns bereit: es regnet wie aus Eimern! Uns ist klar, dass wir keinerlei adäquaten Wetterschutz dabei haben, und das könnte ein sehr großes Problem heute werden, denn heute steht uns der Weg zum O Cebreiro bevor. Da wir die einzigen Gäste im Hotel sind, erhalten wir ein sehr üppiges Frühstück mit persönlicher Betreuung und erfahren dabei, dass der einzige Laden, der vor 9:00 Uhr morgens aufmacht, der Zeitungskiosk ist. Und zu unserem Glück soll der Besitzer dort auch Regenponchos verkaufen. Die heutige Etappe hat unser schlauer Reiseführer mit sieben Stunden 30 Minuten angegeben und einer Länge von 29 km. Nachdem wir aber seit gestern mit einem GPS Gerät die Strecke überprüft hatten, ist uns klar, auf die Kilometerangaben können wir uns nicht verlassen. Meistens sind es mindestens sieben bis 10 km mehr, als der Autor von unserem Reiseführer angibt. Wir fragen uns heute, ob der Autor eigentlich den Weg selbst gegangen ist? Auf jeden Fall erstehen wir am Kiosk zwei viel zu teure Ponchos in knallrot und sind uns sicher: Wenigstens die Autofahrer werden uns heute sehen! Von Villafranca del Bierzo gehen zwei Wege los, der eine ist der normale Pilgerweg, der andere ist der harte Weg, der camino duro, für Pilger, die noch nicht genug Herausforderung mit dem normalen haben. Natürlich entschließen wir uns für den normalen Weg, denn noch mehr Anstrengungen müssen wir uns nicht zumuten. Normalerweise empfehlen die Pilgerherbergen in Villafranca del Bierzo, dass man für diese Etappe seinen Rucksack per Taxi zum Etappenziel dem O Cebreiro fahren lassen sollte. Uns hat niemand darauf hingewiesen, und wie haben wir in Cacabelos beschlossen: Wir werden nicht tricksen!

Es regnet und wir ziehen unsere knallroten Ponchos über. Wir gehen aus Villafranca del Bierzo heraus und nach circa einem Kilometer kommen wir auf die N VI und laufen nun parallel zu ihr, geschützt durch eine Betonmauer, Richtung Pereje. Der Weg führt durch eine enge Schlucht, links hoch über uns befindet sich die Autobahn, aber auf unsere Straße rasen LKWs und PKWs im Sekundentakt vorbei. Wir wissen spätestens jetzt: Spanien hat mit die höchsten Autobahngebühren Europas. Wir sind froh, dass uns hier eine Mauer, auch wenn sie nur kniehoch ist, vor dem Verkehr schützt. Nach zirka eineinhalb Stunden erreichen wir Pereje, mittlerweile vom Regen und unserem Schweiß bis auf die Haut durchnässt, und sind froh, dass der Pilgerweg ein rechts abzweigendes Sträßchen passiert, so dass wir beim Laufen durch die Hauptstraße und Pereje etwas Abwechslung von der lauten Nationalstraße haben. Wir sind zwar noch nicht so lange unterwegs, aber wir spüren, der heutige Weg hat es in sich: die Gesamtdauer soll viereinhalb Stunden sein und 90% auf Asphaltstraßen stattfinden. Bereits jetzt fühlen sich unsere Füße, die Beine, die Hüfte und unser Rücken an wie aus Beton. Von Pereje aus führt der Weg wieder zurück auf die Nationalstraße und schlängelt sich ewig an dieser entlang. Von vorne bläst uns ein eiskalter Wind entgegen, der Regen prasselt auf unsre Ponchos und durchnässt unsre ungeschützten Hosen, ein ziemlich zermürbendes Szenario. Und genauso ist unsere Stimmung: Wir haben zwar unserem großen Schweinehund in Cacabelos Beine gemacht, aber das hier ist etwas ganz anderes. Wir diskutieren über den Sinn und Unsinn des Pilgerns und mir fällt ein, dass ich gelesen habe, dass am Anfang im neunten Jahrhundert nur die Reichen und Vermögenden pilgern durften, aber auch einige Halunken als Sühne den Jakobsweg machen mussten. Die Aussage, dass der Jakobsweg jedem das gibt, was er benötigt, scheint sich zu bestätigen. Aber bitteschön, warum muss das an einer stark befahrenen N VI geschehen, wo einem die vorbeibrausenden 40 Tonner die Gischt von der Straße ins Gesicht blasen? Ich kann vor allem niemanden verantwortlich machen, dafür, dass wir hier jetzt leiden, denn wir haben es uns selbst ausgesucht. Ja, Sonne hatte ich in Spanien erwartet und nicht diesen prasselnden Regen und die Temperatur 6° über Null. Aber es hilft alles nichts, wir müssen einfach weiterlaufen. Und hier zeigt sich uns eine neue Erkenntnis, die sich morgen auch bestätigen wird: Der Jakobsweg verlangt nur von Dir, immer weiterzugehen und übertragen auf das Leben, weiterzumachen. Dann kommst Du an Dein Ziel, und eines ist klar: Unser Ziel heißt Santiago! Aber vorher haben uns die Götter den Weg zum O Cebreiro als Aufgabe gegeben und dieser stellen wir uns, zwar nicht gerne, aber haben wir eine Wahl? Wieso eigentlich nicht gerne der Aufgabe stellen? Ist es denn nicht viel schwieriger, wenn man jammert und sich beklagt, den Weg zu schaffen? Ich habe in einem Motivationsbuch gelesen, dass man einfach mit dem ganzen Gesicht lächeln muss, dann steigt die Kraft und die Energie. Na gut, ich mache jetzt alles, denn Lil ist vorangezogen und oft trennen uns schon zehn bis zwanzig Meter, weil ich dann doch nicht mehr so gut laufen kann. Also: Lächeln! Ich verziehe mein Gesicht so wie die berühmte Grinsekatze in Alice im Wunderland und denke daran, dass es nur besser werden kann. Tatsächlich, nach realen fünf Minuten Grinsekatze spielen, spüre ich keine Schmerzen mehr in meinen von Blasen arg mitgenommenen Füssen. Ok, das scheint ja mal zu wirken, ich bin aber zu schwach um diese Erkenntnis verbal an Lil weiterzugeben. Überhaupt ist dies ein sehr schweigsamer Weg, jeder hängt seinen Gedanken nach, denn es macht keine Freude gegen den Strassenlärm und den Regen anzubrüllen. Nach gut zweieinhalb Stunden Weg erreichen wir Trabadelo und freuen uns in der Mitte des Ortes über das große Schild „ Bar". Als wir in die Bar eintreten sitzen unsere spanischen Pilgerfreunde drinnen und auch Margarethe kommt uns mit einer Engländerin im Schlepptau, aber ohne Rucksack entgegen. Freudig erzählt sie uns, dass ihre Herberge den Transport ihres Rucksacks organisiert hat, und dass die beiden Frauen heute ohne das Gewicht des Rucksacks laufen können. Lil und ich wir nehmen Platz und bestellen uns ein großes Wasser und ein Boccadillo. Komisch die ganzen Spanier bestellen sich hier ein Pulver in einem gelben Päckchen und rühren das in heiße Milch ein. Das scheint hier das Dopingmittel für die Pilger zu sein, also frage ich den Wirt nach diesem Pulver und ich erfahre, dass der Name Colacao ist. Ich bestelle eine heiße Milch und ein Colacao und beim Durchlesen der Inhaltsstoffe stelle ich fest, dass das eine Mischung aus Colanuss und Kakao ist. Okay wir probieren es aus. Schmeckt lecker, nicht zu süß, sondern eher wie schwarze Schokolade und gibt dem Körper sehr schnell Kraft zurück, das können wir, bereits noch am Tisch sitzend, feststellen. So mit den geheimen Mitteln der Spanier gedopt, kehren wir wieder zurück in den Regen und auf den Weg. In der nächsten Stunde ziehen an der Nationalstraße verschiedene Dörfer vorbei bis wir dann in Vega de Valcarce ankommen. Dieser Ort zeichnet sich durch seinen riesigen Gasthof und Rasthof aus, denn er liegt direkt an der Autobahn A6. Müssen dem Pilgerweg folgen der direkt über die Autobahnauffahrt geht und hechten vor einem schwarzen spanischen BMW gerade noch rechtzeitig darüber, denn der hat anscheinend keine Lust für Pilger zu bremsen. So knapp dem Tod auf dem Pilgerweg entkommen, schimpfen wir über den Autoverkehr, der hier vorbei rauscht. Jedoch nach kurzer Zeit brechen wir in Lachen aus, denn wir verhalten uns wie richtige Deutsche, die an allem herummäkeln müssen. Nach dreißig Minuten weiteren Fußweges und viele Autos später erreichen wir Ruitelan und kehren dort in eine kleine Wirtschaft ein. Zum Glück ist diese Wirtschaft geheizt und wir werfen erst mal die nassen Sachen von uns. Wir bestellen zwei Colacao und zwei große Tortillas, die hier aber ohne Kartoffeln nur mit Ei hergestellt werden. Und Lil erhält auf besonderen Wunsch sogar einen Tomatensalat. Sie geht auf die Toilette, kommt fünf Minuten später zurück und signalisiert mir, dass dort ein elektrischer Handtrockner ist. Ich verstehe den Hinweis, gehe ebenfalls auf die Toilette, schließe ab und föne erst einmal ausgiebig meinen nassen Pullover. Als ich wieder herauskomme, sind mittlerweile noch andere Pilger angekommen, ein Australier in Begleitung eines Spaniers. Wir kommen schnell in ein Gespräch und unterhalten uns über den Weg. Im Hintergrund im Fernseher läuft wieder der Bericht, dass in Spanien auf den Bergen überall starker Schneefall herrscht. Wir haben noch knapp vier Stunden vor uns und so brechen wir zügig auf. Nach dem Ort beginnt die Straße anzusteigen, was uns auch unser Reiseführer vorhergesagt hat, denn jetzt steigt die Straße auf 10 km knapp 700 m an. In Hospital Ingles, einem kleinen idyllischen Ort vor den Bergen, gibt es noch einmal die Möglichkeit, ein kleines Stück bergab zu gehen, jedoch nach dem Ort steigt die Straße brutal an. Ich höre trotz des Regens ein Pfeifen und Keuchen und merkte erst nach einiger Zeit, dass das ich bin. An der Abzweigung von der Teerstraße auf einen Hohlweg überholt uns ein

Stuttgarter VW Polo und bleibt freundlich neben uns stehen. Er erklärt uns, dass es nach oben noch mindestens zwei Stunden sind und wir doch besser in La Faba übernachten sollen. Wir bedanken uns und denken allerdings, dass wir bis nach oben auf den O Cebreiro hoch gehen. Der Weg hat sich nun sehr verändert: ein steiler Hohlweg von offenen Felsrücken durchzogen, auf denen das Regenwasser wie Sturzbäche über unsere Schuhe schießt. Wir sind sehr froh darüber, dass wenigstens unsre Füße aufgrund der teuren Schuhe trocken bleiben. La Faba begrüßt uns mit pfeifendem Wind und starkem Regen, der uns ins Gesicht peitscht. Es ist jetzt fast 6:00 Uhr abends und es scheint selbstmörderisch zu sein, weitergehen zu wollen. Rechts unter uns liegt die Herberge des Stuttgarters und links geht der Weg weiter. Da wir beschlossen haben, nicht aufzugeben, gehen wir nach links und steigen im Ort weiter Richtung O Cebreiro. Der Weg im Ort ist aber so steil, dass wir nach fünf Minuten feststellen: Nichts geht mehr! Zurück zur Herberge wollen wir nicht absteigen und weiter können wir nicht. Lil sieht ein Schild „Bar" und steuert drauf zu. Es scheint auch eine Herberge angeschlossen zu sein. Lil steht völlig durchnässt vor der Tür, als diese aufgeht und eine Stimme auf Deutsch fragt: „Wollt Ihr nicht lieber hereinkommen?" Da gibt es keine Diskussion mehr, uns wurde im entscheidenden Moment die Entscheidung abgenommen und so gehen wir in die indisch eingerichtete Bar und bekommen dort etwas zu trinken und so viele heiße Maroni, wie wir wollen. Wir beraten uns kurz und stellen sofort fest: An ein Weitergehen ist heute nicht mehr zu denken. Stattdessen kommen wir mit dem Deutschen, der uns hereingebeten hat, ins Gespräch. Er ist Zimmermann und seit drei Jahren aus Dresden weg, denn er hat sich für die Walz entschieden. Jetzt arbeitet er hier bei einem Schweizer und baut Fenster in die alten Häuser ein, die renoviert werden. Er bietet uns eine Schlafmöglichkeit in der alten Schule des Ortes an, und wir nehmen an und begeben uns in den Raum. Dort gibt es leider nur ein Plumpsklo, das gleichzeitig als Dusche dient, der riesige Raum ist fast ungeheizt und die Betten hängen an Ketten unter der Decke. Aber das ist alles besser, als noch mal zur anderen Herberge absteigen zu müssen, oder in der Dunkelheit auf den Gipfel aufzusteigen. Wir sind heute sehr frustriert und fragen uns, ob wir nicht versagt haben. Oder ob wir vielleicht nicht zu früh aufgegeben haben? Wir sind so erschöpft, dass wir kaum noch ein Wort sagen können und ich höre, wie Lil in ihrem Schlafsack weint. Wir reden noch ganz kurz darüber, warum wir so frustriert sind, und einigen uns darauf, dass wir morgen auf dem Gipfel entscheiden, ob wir abbrechen hätten dürfen oder nicht.

8   La Faba nach Triacastela

Der nächste Morgen beginnt kalt. Wir haben uns den Wecker auf sieben Uhr gestellt und stellen fest, dass es draußen noch nicht hell ist, und kein Licht durch die kleinen Fenster des Natursteinmauerwerkes fällt. Ich taste nach der Leiter, die von unserem Bett steil in die Tiefe führt, denn ich habe eine Taschenlampe dabei, diese ist aber, wie es sich gehört, im Rucksack und der steht drei Meter tiefer am Boden... Akrobatisch mit höllischem Muskelkater hangele ich mich die steile Leiter herunter und fische erst einmal im Rucksack nach der Taschenlampe. Ich reiche sie Lil von der Leiter aus und bitte sie, mir den Weg zur Toiletten-Duschkombination zu weisen. Als ich dort drinnen über eine Hühnerleiter angekommen bin, entscheide ich mich nur zum Zähneputzen und verlasse diesen „beschaulichen" Ort menschlichen Bedürfnisses. Lil ist mittlerweile auch abgestiegen und als ich sie ansehe, erschrecke ich. Sie hat völlig zugeschwollene Augen, anscheinend hat sie auf irgendetwas in dem Bett allergisch reagiert. Zum Glück kann sie noch einigermaßen durch die Schlitze schauen und wir beschließen, dass sie heute halt als Asiatin mit Schlitzaugen unterwegs ist. Wir gehen um das Haus herum durch die Kälte zur Bar von gestern Abend und bekommen dort ein kleines, vegetarisches Frühstück. Gestern Nacht ist noch ein Schweizer dazugekommen, der uns seine Geschichte erzählt. Er sei nun schon drei Jahre auf dem Jakobsweg aus der Schweiz unterwegs und hier in La Faba hängengeblieben. Wie es sich für einen richtigen Pilger gehört, hat er alles in der Schweiz verkauft, seine ganzen Habseligkeiten und sogar seine Wohnung aufgelöst, um den Jakobsweg zu gehen. Mit den Behörden in der Schweiz sei es ein großes Problem gewesen, da die ihn praktisch nicht weglassen wollten, da es ja in ihrem Verständnis nicht möglich sei, länger als zwei Jahre praktisch ohne Wohnsitz unterwegs zu sein. Als sie ihn da zu sehr drangsaliert hätten, habe er einfach gesagt, er sei jetzt dann demnächst unterwegs und würde die nächsten Jahre pilgern. Lil und ich, wir schauen uns an und denken dasselbe: Bis hierher ist er gelaufen und war noch nicht in Santiago? Als wir ihn daraufhin ansprechen, warum er den Weg nicht zu Ende gegangen sei, antwortet er, dass er es vielleicht in der Zukunft mal schaffen werde, er sich aber hier in La Faba sehr wohl fühle. Er sei eidgenössisch diplomierter Lebensberater und hätte noch keinen Drang, weiter zu gehen. Einerseits finden wir das spannend, andererseits sind wir wohl doch zu sehr in der Welt der Hamsterräder, wie er es nennt, verhaftet. Als wir so mit guten Ratschlägen für das Leben gespickt weiterlaufen, kommt ein großer weißer Hund, der wie ein Dingo aussieht, auf dem Weg auf uns zugerannt. Er wedelt freudig mit dem Schwanz und lässt sich ausgiebig streicheln. Anscheinend hat er sich uns heute ausgesucht, oder wir uns ihn, denn er rast den steilen Feldweg bergauf, bis zur nächsten Kurve und wartet dort ungeduldig auf uns langsame Pilger, um dann wieder voraus zu eilen und uns wieder zu erwarten. Durch dieses Spiel sind wir abgelenkt und wandern so, ohne zu denken, den steilen Weg bergauf, bis der Hund kurz vor La Laguna sich bellend und wild tanzend von uns verabschiedet und talwärts Richtung La Faba zurück schiesst. Wir lachen uns fast tot über diesen lustigen Kerl, der uns jetzt fast eine gute Stunde den Berg herauf gezogen hat, und ohne eine Belohnung oder sonst etwas zu fordern, wieder eine Stunde bergab rennen muss... In La Laguna kehren wir in der Bar direkt am Weg ein und treffen dort ein nettes deutsches Ehepaar, das uns bei dem obligatorischen Colacao und Bocadillo erzählt, dass der Mann seit Juni unterwegs ist (wir haben jetzt November!) und die Frau dann in Burgos zu ihm gestoßen ist. Er hat mittlerweile wie ich einen Vollbart (an diesem erkennt man die meisten männlichen Pilger, wenn sie ihren Rucksack nicht auf haben), und sie erzählt freimütig, dass sie immer mal wieder ein Taxi nimmt, wenn sie nicht mehr kann und ihn allein laufen lässt. Ich schaue verstohlen zu meiner Lil hin und denke mir: Wow, was habe ich doch für eine tolle und vor allem top fitte Frau! Nach gut einer Viertelstunde Pause machen wir uns wieder auf den Weg, natürlich nicht ohne den Stempel des Wirtes in unserem Credential de Peregrino zu erhalten. Nach weiteren 30 Minuten erreichen wir die kastilisch-galizische Grenze, welche durch einen netten Stein gekennzeichnet ist. Auch darf auf diesem nicht die Kilometerangabe nach Santiago fehlen: noch 190 km! Fünfzehn Minuten später erreichen wir endlich den letzten Aufstieg zum

O Cebreiro und stellen verwundert fest: Ja in Nordspanien gibt es Schnee und wir stehen mittendrin! Der Ort selbst ist in Nebel gehüllt und dieser friert auf der Straße fest, so dass das Laufen auf der Teerstraße eine Rutschpartie ist. Der Ort ist ein bedeutender Wallfahrtsort, gehört zur autonomen Provinz Galizien und beherbergt in seiner imposanten Kirche den sogenannten galicischen Gral. Wir haben aber keine große Lust für Sightseeing, denn das Wetter ist zu schlecht. Wir erfahren noch aus unserem Reiseführer, dass der Ort seit es den Pilgerweg gibt, Herbergsort ist und dass diese Gebäude aus Natursteinen mit Strohdach Pallozas heißen. Wir ziehen durch die mittelalterlichen Straßen und folgen der Jakobswegbeschilderung. Anscheinend sind wir wirklich so früh auf den Beinen, dass die anderen Pilger noch nicht unterwegs sind, denn diese sehen wir in den verschiedenen Bars frühstücken. Durch die Nebelwand haben wir einen atemberaubenden Blick ins Tal und marschieren so frohen Mutes auf unser Tagesziel Triacastela zu. Laut Straßenbeschilderung soll das nur 24 km entfernt sein. Aber zwischen uns und unserem Ziel haben die Götter den nächsten steilen Anstieg als kleine körperliche Ertüchtigung gelegt und so kommen wir nach einem ebenso steilen Abstieg nach Linares. Dort verpflegen wir uns in der Bar, die gleichzeitig auch als Truck-stop dient, mit reichlich Getränken, denn wir müssen heute noch zwei steile Pässe überqueren. Kurz nach Linares erreichen wir nach einem wieder mal sehr steilen Anstieg den Alto de San Roque, auf dem eine riesengrosse Pilgerstatue aus Metall den Weg Richtung Santiago weist. Langsam verbeisse ich mich in unserem Reiseführer, der schreibt, dass der O Cebreiro auf 1250 m liegt und der letzte Ort auf 1240 m. Der Alto de San Roque liegt auf 1270 m und irgendwie schafft es der Autor eine gerade Linie im Höhenprofil von den Orten zu ziehen, kein Zucken dieser Linie in die Tiefe oder Höhe, so dass wir in die „Falle" gelaufen sind, es ja kein bergauf bergab mehr geben würde auf dieser Etappe. Es gibt NUR bergauf und bergab, und immer so steil, dass kein normales Auto diese Steigung bezwingen könnte, wir aber zu Fuß als Pilger, elfengleich darüber schweben sollen. Ich bin stinksauer und heitere Lil durch Schimpfkanonaden über die Unfähigkeit mancher Autoren, einen ehrlichen Reiseführer zu schreiben auf, und zweifle offiziell daran, ob dieser Typ den Weg überhaupt gegangen ist oder ob er ihn sich halt mal auf Google Earth angeschaut hat... Der nächste Ort Hospital liegt auf 1150 m und man könnte wieder meinen, dass man ja nur 120 m abzusteigen hätte, aber nein, keuchend und fluchend laufe ich hinter Lil her, die natürlich fast fünfzig Kilo weniger wiegt als ich. Schon bei dem Aufstieg auf den O Cebreiro habe ich mir geschworen, dass ich jetzt abnehme und aufpasse, was ich esse, aber jetzt ist es die absolute Hölle. Ich komme kaum noch vorwärts, bei diesem auf und ab machen auch eindeutig die Beine bald nicht mehr mit. Wir durchlaufen Hospital der Länge nach um dann wieder gemütlich auf den Alto do Poio (1337m) zu steigen. Von Hospital ist es eine gute Stunde absolut steiler Aufstieg und es gibt vor dem Alto de Poio keine Möglichkeit, irgendwo im Warmen Rast zu machen. In Padormelo (1290m) kurz vor der Passhöhe, als der Weg am steilsten ist, überholt uns erst ein spanischer Schönling in absolut durchgestylten Klamotten und dann ein anderer Spanier, der humpelnd, auf einen Stock gestützt, den Berg hochkeucht. Lil lacht mittlerweile über meine schlechte Laune und zeigt auf eine Schnecke am Boden und meint feixend, dass wir Glück hätten, dass diese nicht in unsere Richtung unterwegs sei, sonst würde sie uns auch überholen... Das bessert natürlich meine Laune schlagartig! Ich weiß selbst, dass ich all die Jahre vorher zu viel und zu gut gegessen habe. Nichts ist mehr übrig von dem 70 Kilo Adonis, der jetzt mit Rucksack knappe 130 kg auf die Waage bringt. Und diese Sch... Kilos schleppe ich heute schon den ganzen Tag auf und ab durch die Bergwelt Galiciens! Als dann noch eine schmächtige Frau an uns, pardon mir vorbeizieht, denn Lil läuft mittlerweile wieder einmal ein paar Meter vor mir her, und diese dann noch ein angeregtes Gespräch mit Lil beginnt, bin ich kurz vor dem Aufgeben. Ja ich will mich hinsetzen, sitzen bleiben, mir einen Hubschrauber rufen lassen und mich sofort an einen wunderschönen Strand ausfliegen lassen; wie geisteskrank muss ich denn sein, hier wie ein Walross schnaufend auf diesen verdammten Pass hoch zu keuchen? Zum Glück sind die beiden Frauen doch nicht so fit und mit meiner Wut im Bauch komme ich jetzt schneller vorwärts, so dass ich erfahre, dass die schlanke, schmächtige Frau von Innsbruck losgelaufen ist und nun doch schon einige Zeit unterwegs ist. Statt beleidigt doch noch den Hubschrauber anzufordern, finde ich das aber schon ziemlich beeindruckend und nach langen Qualen treffen wir dann auch endlich in der Bar Posada auf dem Alto de Poio ein. Jetzt ist Pause angesagt! Und alle, die uns überholt haben, sitzen auch in der Bar, nicht mehr ganz so frisch, wie es mir erscheint. Der Spanier mit dem kaputten Knie telefoniert gerade mit seinem Arzt und fragt diesen um Rat, denn sein Knie hat anscheinend mittlerweile den doppelten Umfang angenommen. Was der Arzt ihm geraten hat, weiß ich nicht, auf jeden Fall geht der Pilger nach dreißig Minuten Pause weiter. Eigentlich, so denke ich mir, haben wir ja doch Glück: Lil hat keine einzige Blase, und ich habe nur zwei große Blasen, aber das Knie, die Hüfte und das Kreuz hält perfekt. Wir beenden unsere Pause, schultern unsere Rucksäcke und machen uns, nun hoffentlich bergab, auf den Weg Richtung Triacastela. Am Anfang führt der Weg parallel zu der Nationalstraße und ich kann immer noch nicht an mich halten und schimpfe über jeden Schritt, den ich gehen muss und schreie fast heraus, dass es mir ja recht geschehe, da ich ja viel zu weich gewesen wäre in der Vergangenheit. Wir diskutieren darüber, wie es kommt, dass ich eigentlich immer allen helfen will bzw. das auch tue, die Menschen von unserer Vordenkerart profitieren und sich dann doch nicht dran halten und dann mir die Verantwortung zuschieben wollen, weil etwas nicht geklappt hat. Ich meine, dass ich den Weg schon verdient habe, denn so dumm wie ich kann ja nun niemand sein, und dass ich ja ein schon sehr gestörtes Selbstbewusstsein haben muss, wenn ich anderen die Schuld abnehmen möchte. Fühle ich mich dann toll, fragen wir uns? Nein, im Gegenteil, wenn ich all die Jahre mich immer nur um mich gekümmert hätte, dann stünden wir jetzt anders da. Aber stimmt das? Langsam bekommen wir eine kleine Vorahnung, dass wir uns in einem Trainingslager befinden, das uns auf Dinge vorbereitet, die vor uns liegen. Wie war nochmals die Erkenntnis der Dame aus Innsbruck? Es geht immer irgendwie weiter, und ich muss zugeben, dass das stimmt. Was benötige ich denn in diesem Moment? Ich bin mit meiner erfolgreichen Frau auf dem Jakobsweg, wir sind gesund, wir haben (oft) etwas zu essen und trinken und genießen ansonsten den ganzen Tag die absolute Freiheit, kein Handy anzuhaben und keinen Terminen nachzuhetzen. Und keiner, der sagt, dass wir zu langsam oder zu schnell laufen, nein, es ist klar, dass wir heute unser Tagesziele erreichen und wenn nicht, dann spätestens morgen. Basta. Keine weiteren Diskussionen über irgendein Gejammere, uns geht es gut, wir sind etwas k.o. wegen der Anstrengung, aber eigentlich sollten wir ziemlich glücklich sein. Wir sind in dieser Stunde angeregten Redens schon bis zum nächsten Ort gelaufen, Fonfria liegt vor uns, und jetzt verstehen wir, was unser Reiseführer mit der Aussage, dass in Galizien fast nur Rindermast betrieben wird, meint: Die Dorfstraße besteht anscheinend nur aus Kuhfladen und wir stellen uns vor, wie es denn hier von Fliegen wimmeln würde, wären wir im Sommer unterwegs. Wir durchlaufen den Ort der Länge nach und steigen dann einen etwas steileren Weg hinab, als uns ein Ziegenbock mit riesigen Hörnern und einer Herde Ziegen und Schafe im Schlepptau entgegen kommt. Er lässt keinen Zweifel daran, dass wir auszuweichen haben und das tun wir auch. Was uns wundert: Kein Hirte ist in Sicht und die Herde scheint nachhause in den Stall zu trotten. Als die Tiere an uns vorbeiziehen, können wir es gar nicht glauben, dass niemand bei den Tieren ist. Ok, hier schein alles etwas entspannter abzulaufen, der Ziegenbock kennt den Weg, er ist der Boss und alle trotten hinterher, geht es nicht vielen Menschen so? Wir gehen weiter bergab und kommen an einer großen Weide vorbei, auf der Dutzende von Kühen grasen, und auch hier werden sie von einem Stier angeführt. Aber dem Stier geht es wohl so, wie den Wachhunden, er scheint an unseren Schritten zu erkennen, dass wir keine Gefahr darstellen und lässt uns an der Weide vorbeiziehen, ohne sich auch nur in unsere Richtung zu drehen, während die neugierigen Kühe wiederkäuend uns Pilger beäugen. Die Landschaft wird jetzt nur noch durch Weiden gekennzeichnet und wir gehen auf dem Viehtriebweg, wohl darauf achtend, nicht zu oft in die Kuhfladen zu treten. Nach fast einer Stunde erreichen wir den nächsten Ort, Biduedo, und auch hier stellen wir fest, dass die Hauptstraße fast nur aus Kuhdung besteht, der sich über den Teer ausgebreitet hat. Zwischen diesem Dreck sitzen sehr saubere Hunde und Katzen und wir wundern uns, wie diese so sauber sein können. In Biduedo ist eine kleine Pilgerkirche aus Naturstein, die wir besichtigen wollen, sie ist aber, wie fast alle Kirchen, abgeschlossen. Am Ende des Ortes ist noch eine zweite Kirche, aus der röhrende Rockmusik dringt. Neugierig treten wir ein und sehen eine Malerin, die gerade den Altar und die Gemälde restauriert. Wir schießen ein paar Fotos und verlassen dann den Ort, wieder auf dem Viehtriebweg und erreichen nach einiger Zeit und endlosen Weiden, den nächsten Weiler Filloval. Bis jetzt sind wir schon auf 960 Höhenmetern angekommen, müssen aber bis Triacastela noch gut 300 Höhenmeter absteigen. In Filloval kommen uns auf dem Weg fünf oder sechs Hunde entgegen, die von einem Bauern, der mit dem Traktor den steilen Weg hinaufkriecht, begleitet werden. Wir wundern uns, wieso die Bauern hier so viele Hunde haben, aber das werden wir kurz vor dem heutigen Tagesziel auf beeindruckende Weise noch beantwortet bekommen. Die Orte sind jetzt sehr klein, es ist auch meistens keine Bar anzutreffen, so dass wir gut daran getan haben, auf dem Alto de Poio genug getrunken und gegessen zu haben. Vor dem nächsten Ort ist ein schöner Picknickplatz angelegt mit Bänken und Tischen aus Schieferplatten. Wir entschließen uns ein paar Minuten zu rasten, denn der heutige Weg hat uns doch mal wieder sehr zugesetzt. War es heute morgen der Anstieg nach O Cebreiro und über die Pässe, der uns Schwierigkeiten bereitet hat, so ist es jetzt der schon Stunden dauernde Abstieg, der stark auf die Oberschenkel und die Füße wirkt, denn bei jeden Schritt nach unten rutschen die Zehen an die Schuhspitze, denn die Füße sind nach den tagelangen Strapazen um mindestens eine halbe Schuhgröße in der Breite und Länge gewachsen... Also legen wir uns auf die Bänke aus Schiefer und legen die Füße hoch auf die Tische, damit das Blut, so hoffen wir jedenfalls, wieder zurück in den Körper fließen kann. Eigentlich würden wir hier am liebsten einschlafen und morgen dann wie durch Zauberhand nach Triacastela versetzt, erwachen. Leider geht das nicht und so wandern wir weiter bergab bis As Pasantes, das wiederum nur aus Kuhfladen besteht und dessen Dorfstraße dann wieder in einen Viehweg übergeht. Diese Wege muss man sich als Hohlwege vorstellen, von einem undurchdringlichen Baumdach überwuchert und feucht, mit einzelnen Bächlein, die man dann auf Steinen furtet. Früher hatten die Einwohner hier Holzclogs mit zwei ungefähr zwei Zentimeter hohen Stegen auf der Sohle, damit sie praktisch trockenen Fußes über die feuchten und mit Fäkalien bedecken Wege kamen. Jedes Gehöft hat hier ebenso wie in Kastilien, einen alten Getreidespeicher und es tut einem in der Seele weh, wie diese alten aus Natursteinmauern bestehenden Gehöfte verfallen und nebenan neue Gebäude errichtet werden, die dann das Gesamtbild zerstören. Als wir das Ortschild von Triacastela an einem Viehweg passieren, steht uns plötzlich ein Hund im Weg und blockiert die Straße. Sekunden später wissen wir warum, andere Hunde rennen kläffend umher und treiben eine Herde Kühe in den Stall des Bauernhofes. Jedoch, wie schon vorher bei der Ziegenherde ist kein Mensch weit und breit zu sehen. Fasziniert schauen wir dem Treiben zu, und können es gar nicht glauben, wie die Hunde immer wieder noch fehlende Kühe herbeiholen. So werden also in Galizien die Tiere auf die Weide getrieben und von ihr geholt, denken wir uns. Aber tatsächlich, circa 100 m entfernt scheint der Eigentümer der Tiere in seinem Traktor zu warten, bis die Kühe von den Hunden in den Stall getrieben worden sind. In Triacastela links an einem Bach gelegen liegt die offizielle Pilgerherberge von welcher uns der Schönling, der uns vor dem Alto de Pojio grußlos überholte entgegen kommt und uns freudig erzählt, dass er jetzt einkaufen in den nächsten Supermarkt gehen würde. Ich frage Lil, wieso er uns jetzt gegrüßt hat und nicht beim Aufstieg und auch nicht in der Bar auf dem Pass? Sie meint, dass er wohl anscheinend zu getrieben war, um andere wahrzunehmen. Dieser Meinung schließe ich mich an und mache meinen Frieden mit dem Schönling. Unser Reiseführer berichtet uns davon, dass die Herberge feucht sein soll, und da es anfängt zu regnen, beschließen wir keine Experimente zu machen. Wir werden uns auf den Spürsinn von Lil verlassen und eine schöne Unterkunft finden. Bei der nächsten Herberge frage ich die Dame an der Rezeption nach einer Unterkunft und sie bietet uns an, in der Pension, die ihre Mutter bertreibt zu übernachten. Wir fragen noch, ob es dort eine Badewanne gibt, und als dies klar ist, läuft sie scheinbar endlos mit uns durch den Ort und steuert dann nach langer Zeit ein Haus an, in dem sie uns dann in einem Zweibettzimmer einquartiert und wir uns das Badezimmer mit einem älteren Ehepaar aus Südafrika teilen sollen. Da die beiden anscheinend schon im Bett liegen und schlafen, haben wir das Bad am Abend für uns und wir trocknen erst einmal unsere ganzen nassen Sachen auf der zum Glück warmen Heizung im Zimmer. Da wir das letzte Mal vor gut und gerne vier Stunden etwas gegessen und getrunken haben, beschließe ich nochmals durch den Ort zu wandern und etwas im Supermarkt zu kaufen, während Lil schon mal in die Badewanne darf. Leider ist an diesem Tag Feiertag in Spanien, Allerheiligen, deshalb muss ich mich in einer Bar um zwei Flaschen Wasser und zwei Flaschen Limonade kümmern. Zu Essen gibt es leider wie immer erst etwas um neun Uhr abends, also in fast zwei Stunden. Ich beschließe, dass die Getränke süß genug sind und nehme noch eine Packung Chips in der Bar mit. Im Zimmer angekommen, bin ich so müde, dass ich mir gerade noch die Beine mit Massagil einreiben kann, und keine Lust habe zu duschen oder zu baden. Lil schläft eh schon den Schlaf der Erschöpften und so lege ich mich auch hin.

9 Triacastela nach Sarria

Am nächsten Morgen sieht unser Zimmer aus wie eine Dampfsauna, so stark sind die Fenster beschlagen und was ich da hinter den Fenstern sehe, macht uns keineswegs froh: es schneit dicke Flocken und heute wollen wir nach Sarria laufen, das laut unserem Reiseführer nur 17 km entfernt ist. Das Bad ist gerade von den Südafrikanern belegt und so verstauen wir erst einmal unsere jetzt endlich trockenen Sachen im Rucksack und packen wieder einmal unsere knallroten Regenponchos aus. Die Stimmung ist auf dem Nullpunkt, nicht nur dass wir uns kaum noch rühren können vor Muskelkater, jetzt muss es auch noch schneien. Wir geben uns das Versprechen, heute in einem Hotel zu übernachten und laufen schnell los, da ja die Strecke bei unserem Tempo maximal vier Stunden dauern darf. Es wird ein sehr nasser und gesprächsarmer Weg, der uns über durchweichte Wege und an der Landstraße entlang führt. Gegen ein Uhr mittags kommen wir dann in Sarria an und suchen über unser GPS Navigation System ein gutes Hotel, welches wir auch in dem NH Hotel Sarria, direkt am Fluss vor der Altstadt, finden. Wir erhalten wieder einen Pilgerrabatt und checken so gegen kurz nach eins ein, um uns dann im Zimmer so richtig mit Baden, Schlafen und endlich einmal Socken waschen etc zu erholen. Wir schlafen nach dem Bad durch bis abends um sieben, anscheinend hat unser Körper das gebraucht. Ab kurz vor acht Uhr abends gibt es dann etwas im Restaurant zu essen und wir beschließen, da wir praktisch jetzt fast 24 h nichts gegessen haben, uns ein leckeres Abendbrot zu gönnen. Wir bestellen uns ein Steak von Rind und sind total erschlagen von der Größe: Jeder hat ein so großes, gegrilltes Stück Fleisch auf dem Teller, dass man den Teller nicht mehr sehen kann. Es schmeckt hervorragend, aber wir sind nicht in der Lage auch nur ein Viertel davon zu verzehren. Enttäuscht nimmt die Bedienung das restliche Essen mit (wir haben ehrlich darüber nachgedacht, ob wir es uns einpacken lassen sollten, aber am nächsten Tag hätten wir es nirgends essen können), und wir mussten sie herzlich überzeugen, dass es uns geschmeckt hat, wir aber tatsächlich nichts mehr in uns hineinbringen. Wir sind nach diesem sehr üppigen Abendessen sehr müde und machen aber trotzdem, um nicht aus der Übung zu kommen, einen kleinen Spaziergang in die nur wenige Minuten entfernte Altstadt von Sarria. Leider sind wieder einmal alle Kirchen geschlossen, so dass wir uns, um unseren Stempel zu erhalten, an die Rezeption unseres Hotels wenden müssen. Nach dem leichten Verdauungsspaziergang (er ist leicht im wahrsten Sinne des Wortes, da wir ohne Rucksack unterwegs sind) gehen wir zurück ins Hotel und ins Zimmer. Wir zappen uns noch etwas durch die spanischen Fernsehsender, denn müde sind wir noch nicht, da wir ja den ganzen Nachmittag geschlafen haben, um dann schließlich um zehn Uhr ins Reich der Träume hinüberzugleiten.

10 Sarria nach Portomarin

Wir wachen am nächsten Morgen sehr erholt und vor allem sehr früh auf und freuen uns auf das hoffentlich gute Frühstück im Restaurant. Es ist wirklich ein Genuss, nach Tagen ohne richtiges Frühstück mal ein gutes zu erhalten. Die Auswahl ist wirklich reichlich und wir stellen das gleiche fest, wie am Abend zuvor: Wir können nicht mehr so viel essen wie vorher und beiläufig erwähnt, habe ich meinen Gürtel mittlerweile zwei Löcher enger machen müssen, damit mir die Hose nicht bis an die Knie rutscht. Der Weg hinterlässt also seine Spuren. Auch in der Auswahl unseres Essens stellen wir fest, dass unser Körper relativ gesunde Nahrung fordert und so findet man uns nicht bei Kuchen und Schokotörtchen, sondern bei Vollkornbrot und Müsli. Für heute haben wir uns die Strecke nach Portomarin vorgenommen und werden auch heute an der berühmten 100 km Marke des Jakobweges vorbeikommen. Die Tradition fordert von den Pilgern, dass sie die letzten 100 km zu Fuss gehen, und das ohne Unterbrechung, damit sie in Santiago die Compostela ausgestellt bekommen. So erwarten wir auf unserer heutigen Etappe sogenannte Hobby Pilger zu treffen, die die letzte 100 km gehen, um ihre Compostela zu erhalten. Der Pilgerweg durch Sarria führt anfangs viele Treppenstufen nach oben, wohl um die Pilger mürbe zu machen, denn die offiziellen Pilgerherbergen liegen in der Altstadt. Also wir hätten diese Treppen gestern nicht mehr geschafft und sind froh im Hotel übernachtet zu haben. Es ist noch sehr früh und einige Pilger stehen schon auf dem Hauptplatz vor der Kirche. Unter ihnen die nette Schweizerin, die wir in Focebadon getroffen hatten. Wir begrüßen uns herzlich und dann nimmt die nächste Etappe ihren Lauf. Der Weg steigt noch eine ganze Weile an, bis man am alten Gefängnis vorbei geht und dann links vor dem Friedhof abbiegt. Dieser Weg führt nun wieder ebenso steil bergab, aber das sind wir ja nun schon gewohnt vom Jakobsweg. Überhaupt scheint uns der gestrige Tag sehr gut getan zu haben, unsere Körper haben sich regeneriert, und wir sind heute sehr gut zu Fuß. Der Weg führt heute anfangs durch feuchte

Graslandschaften und wir freuen uns darauf kurz vor Brea den 100 km Stein zu sehen. Wir sind heute sehr entspannt und laufen frohen Mutes dem baldigen Ende entgegen, denn am Ende des Tages sollen das nur noch knapp 80 km bis Santiago sein. Kurz vor Brea fotografiere ich den 100,5 km Stein, um dann festzustellen dass der 100 km Stein an einer Rechtskurve völlig abgekratzt und kaputt steht. Wir laufen heute durch viele kleine Weiler und Gehöfte, an Natursteinmauern, die die Weiden eingrenzen, vorbei. Die Wege, die sogenannten corredoiras, die früher die Verbindungstraßen zwischen den einzelnen Häuschen und Dörfern waren, werden praktisch nur noch vom Vieh und Traktoren benutzt, die normalen Autos fahren auf der Landstraße. Es ist für uns wie eine Zeitreise, wir laufen kurz nach Peruscallo über einen wunderschönen Wasserlauf, der mit Trittsteinen versehen ist. Man hat des Gefühl, gleich kommt ein alter Ochsenkarren oder ein altes Pferdefuhrwerk aus dem Mittelalter vorbei. Überhaupt scheint der Weg nun, wie soll man sagen, lebendiger zu sein oder mit mehr Energie behaftet. Anscheinend zeigt sich nun, dass viele Menschen hier gelaufen sind und jeder hat seine eigenen Gedanken dabei gedacht. Hier ab Sarria laufen viele Kurzzeitpilger los, die einfach nur die Compostela haben wollen, denn diese scheint den Menschen vor allem in Spanien sehr wichtig zu sein. Wir haben schon die verrücktesten Geschichten darüber gehört, was diese Pilger auf dem Weg alles anstellen: Sie fahren mit dem Auto von Ort zu Ort und holen sich in der Pilgerherberge den obligatorischen Stempel oder sie marschieren mit IPods im Ohr und hören ihre Lieblingsmusik. Wir finden, jeder darf den Weg so gehen, wie er möchte. Wir haben uns kurzfristig dazu entschlossen, haben nicht wie alle anderen die Super Goretex Ausrüstung dabei, sondern wir laufen fast mit Alltagsklamotten. Ich hatte mir extra Funktionssocken gekauft, welche dazu geführt haben, dass ich riesige Blasen an der Fußunterseite habe. Lil hat es clever gemacht, sie läuft in den Socken, die sie das ganze Jahr über an hat in den Schuhen, die wir auch zuhause für kurze Wanderungen nehmen. Sie hat natürlich keine Blasen an den Füssen, aber Männer sind ja immer technikaffiner und müssen dabei lernen, dass die alten Methoden meistens eh besser sind. Zum Beispiel die Geschichte mit den Blasenpflastern bewirkt, dass der Fuß immer mehr Blasen unter den Blasen bekommt, also nehmen wir Hirschtalgcreme und eine leichte Schaumstoffpolsterung für meine Blasen, das hilft viel besser. Gelenkschmerzen, so haben wir mittlerweile gelernt, bekommen wir dann, wenn wir zu wenig trinken und Fleisch essen, also trinken wir jetzt mindestens fünf Liter am Tag und ernähren uns von Tortillas. Kaffee hilft gegen Muskelkater, das haben wir jetzt auch schon gelernt und dieser Colacao mit Milch gibt ziemlich viel Power. Zwischendurch treffen wir immer wieder auf die Kurzzeitpilger, die sich dadurch auszeichnen, sehr ausgeruht zu wirken, sehr lautstark miteinander zu reden und einen kleinen Rucksack dabei zu haben. Irgendwie sind wir sehr froh, dass es schon November ist, denn im Sommer sollen tausende Pilger auf den Abschnitten unterwegs sein. So aber treffen wir nur unsere bekannten Pilger und manchmal laufen wir auch stundenlang einsam durch die Landschaft. Bis jetzt, so resümieren wir, hat uns der Jakobsweg Stille, Erkenntnis und vor allem den Willen gegeben, der sich in dem alten Pilgergruß „Ultraia" (Immer weiter!) ausdrückt. Außerdem haben wir nur freundliche Menschen kennengelernt und vor allem von vielen alten Menschen den freundlichen Gruß „Buen camino" (Gute Reise) erhalten. Ebenso grüßen sich die Pilger untereinander sehr herzlich, und was für uns sehr faszinierend war: Wir haben bis jetzt noch niemanden getroffen, der den Camino gegangen ist, ohne gerufen worden zu sein. Mehr dazu aber später. Der Weg führt weiter und bereits aus der Anhöhe nach Brea (100 km Stein!) kann man Portomarin sehen. Uns ist jedoch klar, dass wir noch mindestens drei bis vier Stunden laufen müssen, um dort anzukommen. Wir rasten in Ferreiros und nehmen hauptsächlich Wasser und Getränke mit, denn lange aufhalten wollen wir uns nicht, denn und das fällt uns heute sehr stark auf: Keine einzige Bar ist geheizt und bei diesen Temperaturen ist es extrem schwierig, sich aufzuwärmen. Außer unserem warmen Colacao wärmt nichts so richtig. Der Weg nach Portomarin führt heute durch viele kleine Weiler und über teils schwierige corredeiros. Oft sehen wir am Horizont schon Portomarin und als wir endlich am Stausee von Belesar stehen, stellen wir fest, dass dies kein Stausee, sondern ein gestautes Flüsschen ist. Es herrscht absolutes

Niedrigwasser, so dass man das alte Portomarin mit der alten Brücke aus dem 12. Jahrhundert sehen kann. Portomarin wurde in den sechziger Jahren im Stausee „versenkt", wobei einige wichtige Bauten abgebaut und an der neuen Stelle über Portomarin wieder aufgebaut wurden. Über das breite Tal des Stausees führt eine lange Brücke, die für die Pilger am Ende in einer steilen Treppe endet, die in die neue alte Innenstadt nach Portomarin führt. Die Treppe ist für die Pilger eine schwere Prüfung und für die älteren führt der Weg auch über eine kleine Umgehungsstraße in den Ort. Der Ort selbst liegt auf einer Bergkuppe, wirkt verschlafen und auf dem höchsten Punkt steht die neu aufgebaute, alte Kirche, irgendwie verloren in der Landschaft. Auf jeden Fall bewundern wir die Baukunst, denn jeder einzelne Stein der Kirche ist nummeriert und dann wieder aufeinander gebaut worden. Wir finden eine kleine Pension mit Herbergscharakter in der Nähe der Kirche, denn die Herberge ist noch ein Stück bergabwärts und diese Strecke wollen wir uns nicht mehr zumuten. Da es das erste Mal ist, dass ein Supermarkt geöffnet hat wenn wir ankommen, und diese Möglichkeit wollen wir heute nutzen, um unsere Vorräte aufzustocken, denn wir haben gelernt, ohne etwas dabeizuhaben, ist zu riskant, denn in dieser Zeit haben bereits schon viele Bars geschlossen. Im Supermarkt macht sich Ernüchterung breit, denn wir stellen fest, dass wir außer etwas zu trinken und einer Schokoladennotration nichts benötigen, denn alles andere müssen wir nur mitschleppen. So kaufen wir also für acht Euro ein, was in dieser Gegend fast vier Liter Wasser, isotonische Getränke und drei Schokoladen eines namhaften Schweizer Herstellers bedeutet. Auf dem Rückweg zur Pension beschließen wir gegenüber der Kirche noch in eine kleine Bar zu gehen. Wir sind die einzigen Gäste in der Bar und der Wirt bemüht sich, uns noch wenigstens ein paar Chips zu Verfügung zu stellen, da es ja mal wieder um diese Uhrzeit nichts zu essen gibt. Wir sitzen müde aber glücklich und blicken durch die Fenster der Bar auf den Kirchplatz und sehen, wie die anderen Pilger ebenfalls auf der Suche nach einer Bar sind. Eine Gruppe Spanier winkt Lil freudig und steuert auf unsere Bar zu. Dort treffen wir wieder den Mr. Hinkefuß vom Alto de Poio, der mit dem Knie Probleme hatte. Er begrüßt uns freundlich und wir verständigen uns in einem Kauderwelsch aus Englisch, Spanisch und Italienisch, bis einer der Spanier sagt, ob wir aus Deutschland wären. Er ist aus Karlsruhe und wohnt in Alicante und hat dort eine große Diskothek. Wir unterhalten uns und er erzählt uns, dass er in Leon gestartet ist. Auf den Jakobsweg ist er deshalb gekommen, weil ihm ein Freund in Alicante von dem Weg erzählt hat, und plötzlich hatte er einen inneren Zwang, zu gehen. Er schüttet sich aus vor Lachen und erzählt uns, dass er erst einmal kurz nach Leon zwei Tage Pause machen musste, da sein Knöchel ganz blau angeschwollen war von der Anstrengung, er aber jetzt total fit sei und mit seiner Truppe, die von einem 70 jährigen Spanier Paco, der den Weg jetzt bereits das achte Mal läuft, angeführt wird. Der alte Spanier kennt jeden Meter und entscheidet dann für die anderen, wann es besser ist, nicht dem offiziellen Weg zu folgen, sondern zum Beispiel eine Abkürzung über die Nationalstraße zu nehmen, so hat diese Gruppe pro Tag bis zu fünf Kilometer kürzere Strecken und außerdem sei Paco ein Verrückter, der beim letzen Mal von Santiago nach Jerusalem gepilgert sei und nun das achte Mal den normalen Pilgerweg geht, einfach, weil er wieder einmal von Santiago gerufen wurde. Der Deutsche erzählt uns auch die Geschichte des Jakobsweges: Der Weg, so sagt er, zerstöre absichtlich den Menschen, der ihn gehen würde. Es beginnt bei den Füssen, dann die Beine, die Hüfte, der Korpus und am Schluss der Kopf und dann die Psyche. Und wenn man dann am Tor der Kathedrale steht, und die Hand an die eiserne Pforte legt, dann baut Santiago, also der Apostel Jakob, eben diesen Menschen in Sekundenschnelle wieder auf, so ist die Legende, die wohl schon tausende Mal bewiesen wurde. Er erzählt uns noch ein bisschen von sich selbst, er sei normalerweise sehr lauffaul und wenn er jetzt zuhause in Alicante wäre, müsste ihm seine Frau die Füße massieren und ihm ein Bier bringen. Hier jedoch redet er mit uns und lacht, obwohl er Schmerzen hat. Und wir merken, dass er wohl seit langem auch mal wieder ehrlichen Stolz für sich empfinden kann. Als die Gruppe Spanier in die Herberge zurückkehren wollen, da dort das Formel 1 Rennen übertragen wird, und sie dort noch etwas feiern werden, lädt er uns ein, mitzukommen, was wir aber alleine schon aus Müdigkeit ablehnen müssen. Lil und ich, wir wetten, nachdem die Jungs draußen sind, dass er sich vom Saulus zum Paulus wandeln wird, bis die Gruppe in Santiago ankommt. Und tatsächlich, kurz vor Santiago wird uns das live bewiesen werden. Aber davon später... Wir reden noch etwas miteinander über das was uns der Deutsche über den Jakobsweg erzählt hat: Santiago soll uns also zerstören und dann an der Pforte wieder neu erschaffen. Hört sich erst einmal verrückt an, aber wir haben ja dieses „bis zur Psyche zerstört werden" nun schon mehrmals auf dem Weg erlebt, und wir denken uns: Wir gehen weiter, egal was kommt. So kehren wir in unsere Herberge zurück und legen uns schlafen.

11 Portomarin – Palas de Rei

Portomarin – Toxibo – Gonzar – Hospital de la Cruz – Ventas de Narón – Ligonde – Airexe – Portos Reboredo – Lestedo – Valos – O Rosario – Palas de Rei

Der heutige Morgen beginnt neblig und wir entschließen uns, heute hier nur ein kleines Frühstück in der Herbergsbar einzunehmen. Ein Café con lecche und ein Croissant müssen reichen, denn die Etappe soll einige Bars beinhalten und am Anfang mal wieder sehr steil sein. So gehen wir los und verlassen Portomarin auf fast dem gleichen Weg, den wir gekommen sind, nur diesmal müssen wir nicht zurück über den Stausee, sondern müssen den Minho über eine kleine wackelige Fußgängerbrücke gen Westen überqueren. Sofort nach der Fußgängerbrücke steigt der Weg steil an und wir stellen fest, dass vor uns Pilger laufen und hinter uns gleich wieder. Es ist seit Sarria nun tatsächlich mehr Betrieb auf dem Weg und wir unterhalten uns angeregt darüber, während wir den steilen Eselspfad nach oben keuchen. Besser gesagt, anfangs keuchen wir stark, doch dann stellt sich plötzlich ein Gefühl der Stärke ein und wir haben keine Fußschmerzen mehr, stattdessen wird uns immer mehr klar, dass Santiago näher rückt. Mit diesem Gefühl im Körper scheint die Steigung völlig uninteressant zu sein und wir wandern entspannt dahin. Das Grün der Landschaft wirkt hier saftiger und wir warten gespannt auf die uns von unserem Reiseführer angekündigten Eukalyptus Wälder. Vorerst säumen aber weiterhin niedrige Eichenwälder den Weg, der von Weiden mit Natursteinmauern als Begrenzung eingerahmt wird. Das Wetter ist immer wieder mal dabei uns ein Schnippchen zu schlagen, so dass wir unsere Regenponchos mittlerweile teilweise gar nicht mehr ausziehen. Für mich ist der Poncho einfach nur noch ein Folterinstrument, das auch gut als tragbare Sauna bezeichnet werden kann. Von außen bleibt man trocken, aber innen rinnt der Wasserdampf wie von einem Bierzeltdach auf dem Oktoberfest herunter. So muss ich mich entscheiden, denn heute Abend ist noch nicht klar, wo wir übernachten können, ob ich meinen wärmenden Pullover anziehe und ihn mit Schweiß tränke oder ob ich lieber leicht fröstele dafür aber heute Abend in der vielleicht kalten Herberge einen warmen, trockenen Pullover habe. Überhaupt stellt sich bei uns ein absolut pragmatisches Handeln ein: Regnet es nicht, Sachen raus an den Rucksack zum Trocknen hängen, fängt es an zu nieseln, schnell die Sachen wieder rein.

Da ich bereits in Foncebadon meine geliebte Baseballmütze liegen gelassen hatte, behelfe ich mir momentan unter der Kapuze meines Ponchos mit einem Schuhbeutel aus Baumwolle, den ich eigentlich für die Schmutzwäsche dabei habe. Denn wer schon einmal eine nasse, kalte Plastikplane (=Regenponcho) auf dem Kopf hatte und dann vor Anstrengung schweißnasse Haar bekam, kann nachvollziehen, warum ich lieber aussehe wie ein Depp mit rotem Schuhsack auf dem Kopf, als mir mit nassen Kopf eine Grippe einzufangen. Das feuchtkalte Wetter fordert heute sehr schnell seinen Tribut, indem wir fröstelnd in jeder beheizten Bar Rast machen, die uns über den Weg läuft. Schön zu sehen ist, dass wir nicht die einzigen „Langsamläufer" sind, sondern wir treffen immer wieder auf uns bereits bekannte Pilger, die auch eine Aufwärmpause benötigen. Der Regen hat natürlich die Straßen bzw. Feld- und Viehwege noch mehr aufgeweicht als sonst und so erleben wir einen der verrücktesten Wege, als wir kurz hinter Gonzar sind: Nur noch aufgeweichter Matsch, in dem unsere Schuhe versinken. Hinter uns läuft mit zwei Wanderstöcken eine alte Dame, die uns dann auf Englisch begrüßt und in ein nettes Gespräch verwickelt. Nach einiger Zeit stellen wir fest, dass wir alle aus Deutschland kommen und uns ja auch in unserer Muttersprache unterhalten können. Die Dame begleitet uns bis zu nächsten Bar und erzählt uns, dass sie aus Roncesvalles hergelaufen ist, und dass sie keine Kuhfladen mehr sehen könne. Im Gespräch erfahren wir, dass sie aus München kommt und dass sie an schwerer Arthrose leidet und eigentlich laut ihren Ärzten im Bett liegen müsste, weil sie sich nicht mehr bewegen könne. Sie hat aber diese Diagnose nicht akzeptiert und sich auf den Jakobsweg gemacht und sie ist seit dem vierten Tag laufen völlig schmerzfrei und kann ganz entspannt laufen. Wir sind begeistert und wünschen ihr an der nächsten Bar, in welche sie kurz einkehrt, alles Gute und verabschieden uns. Die Begegnung mit der Frau beschäftigt uns noch ein gutes Stück unseres Weges, da die Dame auf uns am Anfang einen sehr unsympathischen Eindruck gemacht hat, aber dann doch etwas im Gespräch aufgetaut ist. Jetzt hatten wir tagelang keine Deutschen getroffen, und dann gestern den, der uns die Geschichte von dem Jakobsweg erzählt hat und nun heute diese Frau, die uns auch an ihrer Geschichte teilhaben lässt. Es scheint so, dass die Dame die Arthrose praktisch durch Bewegung weggelaufen hat, wir sind uns aber nicht ganz sicher, ob nicht auch die sogenannten Energielinien, welche sich angeblich auf dem Jakobsweg entlang bewegen, nicht auch zur Heilung beigetragen haben. Mittlerweile haben wir von Mitpilgern erfahren, dass der

Jakobsweg auch der „Sternenweg" genannt wird und dass er nicht erst seit der Entdeckung des Apostelgrabes von Jakobus im achten Jahrhundert von Christen gegangen wird. Die Spanier wissen hier mehr über „ihren" Jakobsweg zu berichten: Die Energie auf ihm soll in und über der Erde sein und die Energie der Sterne über ihm darstellen. So wurde dieser Weg als sogenannter „Lugweg" der Kelten und anderer Kulturen seit Jahrtausenden als Einweihungsweg für Druiden und Sternenmagier gegangen. Wie auf einer Perlenschnur aufgereiht, sollen auf dem Jakobsweg bedeutsame geomantische Punkte liegen. Der „Lugweg" war zur Zeit der Kelten und der Megalithkulturen ein Einweihungsweg in die tiefsten Geheimnisse menschlichen Daseins, universeller Spiritualität und allumfassender Kosmologie. So wurden auf diesem Weg ursprünglich die weiblichen Mutter- und Erdgottheiten der Kelten verehrt. Ebenso erfahren wir, dass aus Deutschland im Mittelalter sehr viele Pilger anreisten, welche dann mit An- und Heimreise von Santiago drei bis fünf Jahre unterwegs waren. Diese Pilger genossen dann, wenn sie heimkehrten als Jakobspilger sehr hohes Ansehen in der Kirche und bei ihren Mitmenschen. Am Anfang der Pilgerzeiten war es nur Adligen und vermögenden Personen möglich, diese langen Reisen zu unternehmen und es wird in Spanien auch erzählt, dass viele Könige und Kaiser den Weg vor ihrer Inthronisation inkognito gehen mussten, um zu beweisen, dass sie des Throns würdig waren. Wir beide stellen auf jeden Fall fest, dass wir uns vorher viel zu wenig mit dem Jakobsweg beschäftigt haben. Anscheinend befinden wir uns mitten in der Geschichte Europas und den Weg den wir heute nach Palas de Rei gehen, haben schon viele viele Menschen vor uns vollbracht. So soll einer Erzählung nach Palas de Rei, was übersetzt Palast des Königs heißt, ein Königshof des Ostgotenkönigs Witichis, der im fünften Jahrhundert lebte, gewesen sein. Eines ist jedoch klar: Je näher wir Santiago kommen, desto mythischer wird alles. Vor Palas de Rei liegt eine neue Pilgerherberge in einem anscheinend extra für die Massen der Pilger gebauten Gebiet, das wir dankend durchwandern, denn wir wollen nicht außerhalb der Stadt im Pilgerghetto übernachten, sondern mitten in der Altstadt von Palas de Rei. So ist noch ein Fußmarsch von zusätzlichen zwei Kilometern zu absolvieren und wir verstehen nicht ganz, wieso man anscheinend die Pilger außerhalb des Ortes halten will. Die Altstadt selbst ist dann doch nicht so schön, wie wir es erhofft haben, aber wir verlassen uns wieder auf das Gespür Lils für das Finden einer perfekten Unterkunft für uns. Wir finden eine kleine Pension, in der man uns auch bereitwillig einen Fön fürs Zimmer zur Verfügung stellt, denn eines ist uns klar: Heute müssen wir einmal die Schuhe und die Hemden und Hosen trocknen können, sonst werden wir bald krank. Gesagt, getan, kurz nachdem wir im, zu unserem Entsetzen, ungeheizten Zimmer sind, startet der Fön seine Aufgabe und erst, als die Feuchtigkeit unserer Schuhe in Dampfform an den Fenstern kondensiert, geben wir uns zufrieden und beschließen, noch einen kleinen Spaziergang zum Zwecke der Ortsbesichtigung und des Besuchs einer Apotheke zu machen. In der Apotheke treffen wir auf viele Pilger, welche zu unserem Schrecken meistens Schmerzmittel kaufen, weil ihnen der Rücken oder die Knie wehtun. Ich erstehe lieber ein Wärmepflaster für meinen Rücken, dem mein Rucksack doch schon recht arg zugesetzt hat. Erfreulich sind für uns Deutsche auf jeden Fall die sehr niedrigen Preise für Arzneimittel in Spanien, denn ich zahle keine sechs Euro für meine in Deutschland um ein vielfaches teureren Pflaster eines namhaften Herstellers. In einem Outdoor Shop preisen die Schilder die neuesten Ponchos für gerade mal fünf Euro an, und da ich ja noch an eine Chance glaube, meinem knallroten Plastikplanen Poncho zu entkommen, versuche ich mein Glück. Aber leider, gibt es auch hier nur diese Plastik Ponchos und spätestens jetzt weiß ich, 25 Euro in Villafranca del Bierzo war einfach zu teuer, hier kosten sie 5 Euro. Aber was soll es! Nachdem wir wieder einmal keine Möglichkeit gefunden haben, etwas zu essen zu ergattern, kehren wir zurück in die Pension und fragen den Wirt, ob er denn etwas zu essen machen könne. Er erwidert, dass sein im Keller gelegenes Restaurant extra für uns schon um sieben öffnen würde und stellt uns fürsorglich noch ein paar Nüsse und Chips hin, während er für uns einen spanischen Pay-TV Sender einschaltet, in welchem ein Film läuft, in dem Leonardo di Caprio einen Geheimagenten im Kongo spielt. Nun ist unser Spanisch verstehen mittlerweile ganz gut geworden und so folgen wir höflich dem Film, da wir keine Lust haben, noch zwei Stunden im ungeheizten Zimmer zu warten. Um sieben Uhr erklärt er uns freudig, dass wir gerne etwas zu essen bekommen würden, wenn wir einfach den Aufzug hinunter in den Keller zum Restaurant nehmen. Hungrig wie die Löwen nehmen wir stattdessen die Treppe und erschrecken unten im Restaurant die Bedienung und die Köchin zu Tode, da sie gerade anscheinend am Plaudern waren und niemals mit uns verrückten Deutschen gerechnet haben. Jaja, diese Deutschen! Um sieben Uhr schon Abendessen… Auf jeden Fall zaubert die Köchin im Handumdrehen eine leckere Suppe und einen Salat als Vorspeise, bis wir nach fast einstündigem Warten auf die Hauptspeise unsere

Fleischplatte bekommen. In weißer Voraussicht haben wir nur eine bestellt, denn eines ist immer üppig und von einer Person kaum zu schaffen: das Abendessen in Spanien. So gestärkt, begeben wir uns in unser kaltes Zimmer, wo ich erst einmal im Bad mit dem Fön die Bodenfliessen anheize, damit wir beim abendlichen Waschen und Duschen nicht erfrieren, denn Außen- ist hier fast gleich Innentemperatur, und ich habe es beim Duschen nicht geschafft, warmes Wasser aus dem Duschkopf herauszukitzeln.

12 Von Palas de Rei nach Arzúa

Als wir aufwachen, verrät der Blick durch die angelaufenen Fenster nichts Gutes: Es nieselt und Nebel liegt über der Stadt. Da heute mindestens 35 km auf dem Plan stehen, beschließen wir schnell, aber ausgiebig zu frühstücken, um möglichst bald loszukommen. Als wir nach dem Frühstück die Pension verlassen wollen, stellt Lil fest, dass sie ihre Handschuhe auf der kalten Heizung im Zimmer liegengelassen hat. Also fahre ich nochmals mit dem Aufzug nach oben, nur um festzustellen, dass unser Zimmer bereits fertig ist, und die Handschuhe nirgends zu finden sind. Also klappere ich jede Etage ab, bis ich die Putzfrau finde und versuche ihr in meinem Kauderwelsch klar zu machen, dass wir die Handschuhe dringend bei der Kälte benötigen. Sie lacht und fährt mit mir hoch zu einer Putzkammer, wo ich zum Glück die guten Stücke ausgehändigt bekomme. Unten angekommen, beschließe ich in dem sagenhaften Outdoor Shop von gestern Abend wenigstens noch eine Baseballmütze zu erstehen, so dass ich heute nicht wieder wie ein Idiot mit meinem Schuhsäckchen auf dem Kopf herumlaufen muss. Passend zum Weg kaufe ich eine blaue Mütze mit gelber Pilgermuschel, bei deren Anblick Lil sich fast übergeben muss. Mir ist das jedoch egal, denn die Mütze war die billigste im Laden... auch wenn sie so aussieht, und durchschwitzen kann ich die auch. Also gut behütet starten wir auf unsere letzte Monsteretappe vor Santiago. In Melide, so haben uns die Einheimischen empfohlen, sollen wir auf jeden Fall eine Pulperia besuchen, also ein Lokal, in dem es hauptsächlich gekochten Tintenfisch gibt, die spanische Art von Fast-Food. Nach fast drei Stunden erreichen wir Leboreiro, einen Ort, durch den der alte gepflasterte Jakobsweg auf einer echten Calzada verläuft. Faszinierend ist auch die alte Spitzbogenbrücke, die an die frühen Pilgerzeiten erinnert. Der Weg führt heute wieder durch kleine Weiler, deren Durchgangsstraßen mit Kuhfladen und Schlamm bedeckt sind. Mir kommt die verrückte Idee, dass ein Schuhputzer vor den Herbergen bestimmt riesigen Umsatz machen würde... Nach knapp 4,5 Stunden erreichen wir dann Melide und gehen an der

Hauptstraße Richtung Arzua entlang. Da es wieder regnet, beschließen wir tatsächlich eine Pulperia zu besuchen. Wir entscheiden uns für eine, die uns Lil aussucht, denn wir wollen so ursprünglich wie nur möglich essen. Tatsächlich nach wenigen Minuten im Ortskern finden wir eine. Der Boden ist mit Sägemehl bedeckt, es gibt grob behauene Tische und Bierbänke und der Laden ist voll. So quetschen wir uns mit unseren Rucksäcken noch zu zwei Spaniern an einen eben freigewordenen Tisch und bestellen Pulpo. Nach zwei Minuten erhalten wir auch schon unser Essen, das aus in der eigenen Tinte gekochten, in kleine Stücke geschnittenen Tintenfischen besteht. Statt Messer und Gabel erhalten wir Zahnstocher und eine Riesenschüssel mit selbstgebackenem Brot. Mit den Zahnstochern spießt man die Pulpostücke auf und mit dem Brot tunkt man die leckere Soße. Es schaut ungewöhnlich aus, und als wir an die Fangarme kommen, streikt Lil, ich aber habe so großen Hunger, dass das mich nicht stört. Wir bekommen dann noch jeder einen starken Espresso und dann kann der Rest der heutigen Tagesetappe in Angriff genommen werden. Eigentlich wollten wir heute hier Schluss machen in Melide, aber unser Zeitplan zwingt uns die nächsten 4,5 h nach Arzua noch dranzuhängen. Der Weg bis Arzua ist ohne große Highlights, wenn man von den großen Eukalyptus Wäldern einmal absieht. Und je weiter man nach Santiago vorstößt, desto grösser werden die Eukalyptus Plantagen. Arzua ist, wie Melide, eine Arbeiterstadt, die recht ungepflegt daherkommt. Leider wird hier anscheinend kein Wert darauf gelegt, dass alte Gebäude liebevoll restauriert werden, es werden stattdessen immer neue Bauruinen geplant und die fertigen Gebäude weisen teilweise gravierende Bauschäden auf. Wir kehren in einer Herberge kurz nach dem Ortseingang ein. Die Zimmer sind sauber, und weil nicht so viel los ist, empfiehlt uns das Mädchen an der Rezeption, doch in die im gleichen Haus liegende Pension umzuziehen, das kostet zwar einen kleinen Aufpreis, dafür stellt sie uns aber einen Ölradiator und einen Fön zur Verfügung. Denn der Rest der Herberge scheint wieder einmal ungeheizt. Da wir uns schon in der letzten Nacht frierend aneinandergeschmiegt haben, wollen wir diese Nacht im Warmen schlafen. Also willigen wir ein und werden in ein schönes Zimmer mit Elektroölradiator

68

geleitet. Dort finden wir zu unserer Freude auch eine Badewanne und wir beginnen erst einmal uns nach dem neunstündigen Marsch zu baden und zu pflegen. Dann kommen meine Socken und T-Shirts dran, denn der Ölradiator scheint soviel Wärme abzugeben, dass diese bis zum nächsten Morgen trocken sind, so hoffen wir jedenfalls. Lil ist sowieso gesegnet damit, dass sie kaum schwitzt und somit immer fast frische Sachen anhat. Ich dagegen stehe innerhalb von fünf Minuten nach dem Losgehen in meinem eigenen Schweiß, der mir alles durchnässt. Jetzt fällt uns ein, dass wir ja in Portomarin Schokolade gekauft haben, die wir seitdem in den Außentaschen unserer Rucksäcke mit uns herumtragen, denn so richtigen Hunger haben wir nach dem ausgiebigen Pulpomahl nicht mehr. Jeder nimmt ein Stück Schokolade zu sich und dann schlafen wir erschöpft ein. Nachts um drei wache ich auf, weil es im Zimmer eiskalt ist. Ein Griff an den Radiator zeigt mir, dass dieser nicht läuft. Licht kann ich auch nicht einschalten, es scheint, dass der Strom ausgefallen ist. Mit der Beleuchtung meines Handydisplays taste ich mich aus dem Zimmer und suche den Sicherungskasten. Jedoch sind alle Sicherungen in Ordnung. Das kann ja heiter werden, denke ich mir, da, wie ich beim Griff auf den Radiator feststellen konnte, die Socken und T-Shirts noch nass sind. Ich gehe den Gang entlang Richtung Rezeption, auch hier brennt kein Licht und suche dort nach einem Sicherungskasten, aber auch hier sind alle Sicherungen in Ordnung. Dann gehe ich eben wieder ins Bett und werde morgen erst mal alle schön anschnauzen, was das denn soll, nachts den Strom abzuschalten! Um sieben wache ich auf und laufe zur Rezeption, welche gerade durch den Eigentümer besetzt wird. Ich mache ihm klar, dass wir halb erfroren sind, und dringend den Strom wieder benötigen. Er schimpft in Richtung eines Zimmers, aus dem die müde Dame von der Nachtschicht zerzaust herauskommt und irgendetwas davon brabbelt, dass sie die Sicherung ausgeschaltet hat, weil sie dachte, dass keine Gäste im Haus sind. Mit Strom wird die Heizung wieder schnell warm und wir haben heute sowieso keine Eile, da die Etappe nur knapp zwanzig Kilometer lang sein soll und wir das in gut vier Stunden schaffen sollten. Außerdem hat Lil bis jetzt nichts mitbekommen und wacht erst auf, als alles wieder in Ordnung ist.

13 Von Arzúa nach Pedrouzo

Als wir unseren obligatorischen Blick aus dem Fenster werfen, stellen wir wieder einmal fest, dass Nordspanien ein sehr feuchtes Land ist. Es nieselt wieder leicht und wir verlassen unsere Pension, um erst einmal in einer Bar ausgiebig zu frühstücken. Wir müssen etwas Zeit schinden, denn in unserem Etappenziel in Pedrouzo gibt es heute nur Herbergen, und die lassen meistens erst nachmittags Pilger ein. Und nach unserer Zeitplanung wären wir allerspätestens um drei Uhr mittags dort. So genießen wir unser Frühstück, während draußen vor der Bar eine Gruppe Pilger freundlich grüssend an uns vorbeigeht. Das schöne an der heutigen Etappe ist der fortlaufende Weg durch verschiedene Eukalyptuswälder. Zwar wirken diese wie tot, weil man keinen einzigen Vogel und kein Tier dort vorfindet, aber das ätherische Eukalyptus Öl, das ständig in der Luft liegt, sorgt für eine freie Nase und das Gefühl in einer riesigen Saunalandschaft zu laufen. Zum Glück scheint jetzt auch ab und zu die Sonne aus dem wolkenbehangenen Himmel auf uns herab und so überraschen wir in A Calzada den Wirt der dortigen Bar mit der Bitte, ob wir unsere Tortillas auf der sonnigen Terrasse im Hof essen dürfen. Er freut sich, uns etwas Gutes tun zu können, besorgt eifrig einen Tisch und zwei Stühle, die er dann in die Sonne in den Hof stellt. Der Hof ist absolut windgeschützt und so genießen wir die warmen Strahlen der Sonne und das warme Essen. Wie wenig man doch braucht, um glücklich zu sein…. Nach dem ausgiebigen Essen machen wir uns auf den restlichen Weg nach Pedrouzo, der jetzt wieder viel ländlicher wird. Am Rand unserer staubigen Pilgerstrasse, und wir sind froh, dass dieser heute nicht matschig ist, befinden sich immer wieder verfallene, alte Gebäude, die von einer großartigen Vergangenheit künden. Etwas wehmütig entwickelt sich zwischen uns ein Gespräch darüber, warum denn die Menschen solch alte Gebäude verfallen lassen und sich lieber in neuen Häusern aus Beton niederlassen. In dem Moment fällt uns auch der alte Mann aus Molinaseca wieder ein, der so über die neuen dünnen Mauern der Gebäude geschimpft hat. Auch verstehen wir nicht, warum nicht auch die Regierung etwas mehr für den Erhalt der alten

Gebäude tut, stattdessen werden von der Xunta neue Herbergen gebaut. Warum nicht einmal so einen ganzen Weiler wieder in altem Glanz erstrahlen lassen? Wir jedenfalls glauben, dass dort dann auch viele Menschen zu Gast sein wollten. Aber wir sind nicht die Regierung und so ist es für uns müßig darüber nachzudenken, was denn langfristig hier geschehen soll. Auf jeden Fall lässt uns der offensichtliche Verfall auf unserem Weg nicht mehr los. Abwechslung bieten hier wieder nur die Eukalyptuswälder und als wir in Santa Irene ankommen, treffen wir auf alte Bekannte: Unsere beiden Franzosen aus Foncebadon haben sich hier hinter die Kapelle zum Ausruhen gesetzt und er verbindet ihr wieder einmal sehr liebevoll die Füße, die mittlerweile unter den ganzen Tapes und Pflastern nicht mehr zu erkennen sind. Nachdem wir Santa Irene durchlaufen haben, werden den Wegweiser immer pilgerfreundlicher und sogar Hotels aus Santiago werben auf großen Schautafeln am Rand des Pilgerwegs um Pilger. Nach Santiago sollen es jetzt offiziell nur noch an die dreißig Kilometer sein, und wir können uns kaum vorstellen, dass ein Pilger diese ganze Strecke lang den Namen der werbenden Hotels im Kopf behält. Vor Pedrouzo teilt sich der Pilgerweg: Wer in die Herberge zum Übernachten will, muss links in den Ort hineingehen, wer jedoch dem offiziellen Pilgerweg folgt, läuft durch einen Eukalyptuswald um den Ort herum. Pedrouzo ist ebenfalls ein nicht so schöner Ort, und wir wundern uns darüber, ob die Nähe zu Santiago proportional zu der Hässlichkeit der Städte ist. Die offizielle Pilgerherberge finden wir erst einmal nicht, und da wir keine Lust mehr haben, mit unseren schweren Rucksäcken auf Herbergssuche zu gehen, steigen wir in einer privaten Herberge ab. Diese ist sehr sauber, mit so an die dreißig Betten im Zimmer, und wir sind bis jetzt die einzigen Gäste. So werden wir herzlich empfangen und dürfen uns ein Bett aussuchen. Die Herberge ist geheizt, die Duschen sind warm und wir entscheiden uns wieder einmal zu einer, diesmal nachmittäglichen, Ortsbesichtigung. Viel zu sehen gibt es leider nicht, und so setzen wir uns an einem sonnigen Plätzchen im Ortskern in die Sonne und diskutieren darüber, wie wir die morgigen 25 km laufen wollen. Während der Ortsbesichtigung kehren wir bei dem örtlichen Konditor ein und gönnen uns etwas Süßes. Lil will noch ihr Tagebuch schreiben und, als wir so zehn Minuten sitzen kommt, unser Pärchen aus Frankreich auch herein. Wir begrüßen uns herzlich und sie erklären uns, dass sie morgen ganz früh loslaufen wollen, um zwölf Uhr in der Kathedrale in Santiago an der Pilgermesse teilnehmen zu können. Da uns aber der Deutsche in Portomarin empfohlen hatte, morgen erst bis zur Herberge auf dem Monte de Gozo zu laufen und erst dann tags darauf in Santiago de Compostela anzukommen, wollen wir uns daran halten. Nur noch zwei Tage, dann sind wir in Santiago... Wir merken, dass wir uns sehr darauf freuen, dort anzukommen und zu sehen, ob Jakobus der Ältere uns wieder „zusammensetzt". Glauben tun wir wohl daran nicht, denn für uns war alleine schon der Weg genug. Wir haben viele Erkenntnisse gehabt, haben gelernt, dass wir zwei zusammenhalten und dass wir sehr stark und belastbar sind. Und der Weg war wie unser Leben, immer etwas zu lang gelaufen, wir haben uns immer etwas zu viel zugemutet, und doch werden wir im Zeitplan ankommen... Erstens kommt es anders und zweitens, als man denkt. Als wir in die Herberge zurückkehren, sind nur noch zwei Pilger dazugekommen, und so schlafen wir in einer Herberge für um die neunzig Pilger zu viert. Offiziell hat die Herberge bis elf Uhr offen, aber der Eigentümer geht bereits um 8:30 Uhr abends nachhause, da er keine Pilger mehr erwartet. Leider schaltet er nicht die Beleuchtung in der Herberge ab, als er geht, und so „schlafen" wir bei vollem Flutlicht, was dazu führt, dass keiner von uns so richtig schläft und wir um sechs in der Früh entscheiden, doch jetzt sofort loszulaufen und zu versuchen, die Pilgermesse um zwölf pünktlich zu erreichen.

14 Endlich Santiago

Draußen ist es noch dunkel und dichter Nebel liegt über dem Ort. Wir entscheiden uns der Strasse Richtung Westen weiter zu folgen, anstelle wieder zurück Richtung Osten zum Pilgerweg zu gehen. Laut meinem Navigationsgerät trifft nämlich die Strasse in einem Kilometer auf den Pilgerweg, und so haben wir uns das kilometerlange Umgehen von Pedrouzo gespart. So funktioniert es dann auch und wir sind wieder auf dem richtigen Weg! Obwohl es so dunkel ist, dass wir im Wald kaum etwas sehen können, laufen wir mit großen Schritten auf unser Ziel zu. Wir haben uns Tage vorher mit anderen Pilgern unterhalten, und viele haben uns berichtet, dass sie versuchen den Weg künstlich in die Länge zu ziehen, um nicht so schnell am Ziel anzukommen. Das ist bei uns nicht der Fall. Als es endlich hell wird, laufen wir gerade um den Flughafen von Santiago de Compostela herum und treffen eine halbe Stunde später auf die Nationalstrasse, die nach Santiago führt. Denken wir jedenfalls. Stattdessen führt der Pilgerweg im Zickzack um die Nationalstrasse herum, und wir stellen fest, dass einige Pilger auf der Strasse laufen. Wir hatten uns jedoch in Cacabelos entschieden, den ganzen Weg zu gehen und so folgen wir den gelben Pfeilen bis zu einer Pilgerherberge kurz vor dem Monte Gozo, dem Berg der Freude, von dem man Santiago sehen soll. In der Herberge machen wir einige Minuten Rast, denn unser schnelles Tempo, das wir heute an den Tag gelegt haben, hat einige Kraftreserven aufgebraucht. Diese füllen wir wieder mit unserem obligatorischen Colacao auf und wandern nach zwanzig Minuten weiter auf Santiago zu. Der Weg führt vor dem Monte de Gozo am galizischen Fernsehsender vorbei und kurz danach sehen wir vor uns Hinkebein mit seiner Truppe. Die Jungs haben sich noch ein blondes Mädeln dazugeholt, Typ Animateur in einem Urlausclub, und laufen lautstark auf Santiago zu. Kurz vor einer Rechtskurve entdecken sie uns und warten darauf, dass wir aufschließen. Freudig werden wir von allen begrüßt und unser deutscher aus Alicante erzählt uns, dass sie in der Herberge in Santa Irene übernachtet haben und um fünf heute Morgen losgegangen sind. Er hat im ganzen Körper

Schmerzen und die Jungs haben sich vollgepumpt mit Schmerzmitteln. So sind sie gut drauf und wir verabschieden uns von ihnen am Monte de Gozo, wo sie heute über Nacht bleiben wollen. Vorher jedoch fahren sie mit dem Taxi hinunter nach Santiago und holen sich die Compostela und heute Abend gäbe es eine große Party in der Herberge. Lil und ich wir schauen uns an und verstehen uns ohne Worte. Wir laufen auf jeden Fall durch bis zur Kathedrale! Schweigend ziehen wir nebeneinander her und treffen auf den absoluten Kulturschock für uns: Das Auffanglager auf dem Monte de Gozo für Pilger! Der Pilgerweg führt mitten durch dieses und man muss das gesehen haben, um es sich vorzustellen: Breite Strassen mit Unterkünften und ca. 1000 Betten stehen bereit, um die Pilger vor Santiago in Empfang zu nehmen.

Der ganze Ort ist unwirklich in Nebel gehüllt und uns schaudert davor, hier übernachten zu müssen. Also nichts wie durch und so tun, als hätten wir nichts gesehen. Der Weg führt vom Monte de Gozo herunter und kurz vor Santiago gilt es einige steile Stufen nach unten zu überwinden. Dann steht man an der Nationalstrasse und überquert auf einer Eisenbrücke, die mit Eukalyptusholz beplankt ist, den Rio Sar. Nachdem man noch einen Kreisel heil passiert hat, erlebt man den absoluten Kulturschock: Nach der Zeit der Einsamkeit bricht eine Großstadt über den Pilger herein. Über die kleine Ortschaft San Lazaro, vorbei an schicken Szene Cafés, laufen wir kreuz und quer durch die Stadt, so kommt es jedenfalls dem Pilger vor, bis man endlich durch die Porta do Camino endlich die Altstadt betritt. Natürlich hat es wieder zu nieseln angefangen, aber wir lassen uns nicht beirren, dieses Mal werden wir nicht das rote Männlein und Weiblein sein, lieber werden wir nass. Endlich die Altstadt, die den Augen und dem Herzen so gut tut, wie einem Menschen, der nur in Hochhäusern aus Glas und Stahl lebt und der dann in ein altes gemütliches Landgut eingeladen wird. Auf jeden Fall haben wir das Gefühl im Mittelalter gelandet zu sein. Gleich scheinen Gaukler und Feuerschlucker um die Ecke zu kommen und, als wir an St. Martin vorbei den Weg hinunter zum Hauptplatz der Kathedrale gehen, trifft uns vor der Kathedrale die Erkenntnis wie ein Blitz! Wir sind da! Endlich Santiago! Wir steigen die Stufen zur Pforte hinauf und berühren sie. Ein Schauer läuft uns über den Rücken, aber als wir in die Kirche hineingehen wollen, sind die Türen verschlossen. Wir sind etwas zu spät gekommen, die Pilgermesse hat bereits begonnen. Wir beschließen wieder zurück zu St. Martin zu gehen und von da aus in das Seitenschiff einzutreten. Als wir dann in der riesigen Kathedrale drinnen sind, erfüllt uns ein Gefühl, so als ob wir aufgenommen werden von ihr. Die Kathedrale ist voll, Pilger sitzen neben Spaniern und irgendwie ist dieses Gefühl unglaublich, es scheint so, als kehre man heim, in das Haus eines guten Freundes. Wir sehen die abgekämpften und ausgemergelten Gesichter der Pilger und eines ist klar: Jeder Pilger strahlt und obwohl vielen Frauen die Tränen über die Wangen laufen, ist doch so viel Glück und Freude in der Kathedrale. Lange Zeit hatte ich kein solches Gefühl der Ehrfurcht und gleichzeitig der absoluten Freiheit mehr. Lil zerfließt vor lauter Tränen und wir folgen dem spanischen Gottesdienst. Wir hatten uns in Burgos vorgenommen, jede Möglichkeit eines Gottesdienstes zu nutzen und das taten wir auch. Wie am Anfang, so endet auch unsere Pilgerreise mit einem Gottesdienst. Nach dem Gottesdienst bleiben wir erst einmal in der Kathedrale und besuchen die Krypta des heiligen Jakobus, derjenige der uns anscheinend zu dieser Reise angestiftet (sprich: Gerufen!) hat. Wir haben auf der Reise gelernt, auf verschiedene Energien zu achten, und als ich die Krypta betrete, bekomme ich einen massiven Druck am Herzen zu spüren. Angenehm, aber sehr stark. Mit Krypten habe ich ja so meine Erfahrungen… bei einem Frankreichurlaub haben wir einmal die Krypta in Saint Marie de la Mer in Südfrankreich besucht, und ich musste damals schleunigst wieder raus, da ich mich sonst übergeben hätte. Hier ist es anders, wir kennen den Petersdom in Rom, der von der Energie her erdrückend und machtvoll wirkt, hier ist es aber so, wie ich bereits geschrieben habe, wie wenn man in das große Haus eines guten Freundes kommt.

Nachdem wir unseren Besuch bei Jakobus beendet haben, machen wir uns auf die Suche nach einem kleinen, schnuckligen Hotel in der Nähe der Kathedrale. Beim Laufen durch die alten Gassen kommen wir an der

Touristinformation vorbei und entscheiden uns, hier nach einem Hotel zu suchen. Eigentlich ist das Quatsch, denke ich mir, als wir hineingehen. Wir haben den Weg gemacht, um auf unsere Stimme zu hören und wollen uns jetzt hier beraten lassen... zum Glück entpuppt sich die Dame am Schalter als nett, aber nicht sehr kompetent, und so entscheiden wir, dass wir wieder Lil die Suche der Nase nach überlassen. Natürlich hat sie zwei Minuten später ein ganz kleines unscheinbares Hotel ausgemacht, und als wir in das Foyer eintreten, ist uns klar: hier bleiben wir. Wir verhandeln dann noch um den Preis und als alles passt, begeben wir uns in unser Zimmer, welches nur knapp 100 m Luftlinie von der Kathedrale entfernt ist. Hier in dem schönen Zimmer bemerkt Lil, dass ich anscheinend doch sehr streng rieche, und das liegt nicht an meinem Körper, sondern an den Sachen, die ich jetzt schon fast zwei Wochen an habe. Wir entscheiden uns, dass wir meine Sachen reinigen lassen, da ich mit diesem Duft niemals in den Flieger gelassen werde. Zum Glück ist uns die Dame an der Rezeption behilflich und zeigt uns auf dem Stadtplan die nächste Reinigung. Dort angekommen, stellen wir fest, dass ja hier in Spanien die Geschäfte meist erst um vier Uhr nachmittags öffnen. Also begeben wir uns in das nächste Café und trinken einen leckeren Café con leche.

Wir beobachten die Menschen und stellen fest: Es hat sich etwas in uns verändert: Hier im Cafe sitzen hauptsächlich junge Spanier, schick angezogen, aber irgendwie ruhen diese Menschen nicht in sich selbst. Jeder versucht Aufmerksamkeit vom anderen zu ergattern, selbst die Bedienung im Café will wahrgenommen werden. Die Menschen haben ein Problem mit uns, das stellen wir schnell fest, wir werden wahrgenommen (und das liegt jetzt diesmal nicht an unserem Wanderoutfit!) und wir wollen aber gar nicht wahrgenommen werden. Dieses Einfach-da-sitzen von uns sorgt dafür, dass mehrere Gäste immer hektischer werden, so als gäbe es nur ein Wahrnehmungskontingent und das hat sich durch unsere Anwesenheit verschoben, so dass die anderen zu wenig wahrgenommen werden. Sehr schnell setzen bei uns Kopfschmerzen ein und wir sind froh, als wir kurz vor vier Uhr unsere Cafés bezahlt haben und vor der Reinigung warten. Als wir unsere Anziehsachen abgegeben haben und wir auf dem Rückweg sind, fängt es an zu nieseln. Na toll, Santiago und schon wieder Regen, denken wir und kehren zurück ins Hotel. Dort angekommen, studieren wir erst einmal den Stadtplan und beschließen am nächsten Morgen eine Tour durch die Stadt zumachen und uns die Sehenswürdigkeiten anzusehen. Und wie alle Pilger immer wieder, zieht es uns wieder zur Kathedrale. Dort besuchen wir das Grab des Jakobus und stellen dort unten wieder einmal fest, dass relativ viel Energie hier unten zu sein scheint. Da im Moment kaum jemand in der Kirche ist, entschließt sich Lilly, unten auf der Bank direkt vor dem Heiligen zu warten, ob sie eine Eingebung bekommt. Ich halte es nicht so lange unten aus, da ich immer massiven Druck auf dem Herzen spüre, also „pendele" ich immer wieder durch die Krypta. Nach gut einer Stunde, entschließt sich Lilly aufzustehen und die Krypta zu verlassen. Der Heilige hat nicht mir ihr kommuniziert und sie rügt mich, dass ich ja ein Feigling sei, da ich nie lange unten in der Krypta geblieben sei. Rechts und links an den Säulen der Kathedrale sieht man die verschiedenen Steinmetzzeichen, mit denen wohl vor Jahrhunderten die Steinmetze ihr Gewerk markierten, damit sie dafür ihren Lohn bekommen konnten. Langsam füllt sich die Kathedrale wieder und wir verlassen den Ort, um uns in der Umgebung zu verköstigen. Wir treffen auf ein kleines Restaurant, in welchem wir die einzigen Gäste sind und bestellen uns erst einmal eine Torta Santiago und einen großen Café. Hier in dem Restaurant trifft sich die ganze Familie der Besitzer und die Enkel der Eigentümer werden mit ihren Lieblingsspeisen verköstigt. Mit vollem Bauch kehren wir in unser Hotel zurück und legen uns gemütlich ins Bett, um unsere Eindrücke und Erlebnisse des Tages zu besprechen. Ja, wir sind tatsächlich einen Tag zu früh angekommen...

Die Nacht ist kurz und um fünf Uhr in der Früh wachen wir voller Tatendrang auf. Unter unserem Zimmer ist die Rezeption, und obwohl hier Rauchverbot herrscht, richtet der Nachportier mit einer Zigarette im Mund langsam den Frühstückstisch her. Allerdings wird erst ab acht Uhr Frühstück serviert. Naja, das ist uns gleich und wir drehen uns nochmals im Bett, um uns in Morpheus Armen noch ein bisschen auszuruhen.

Um sieben Uhr dreißig gibt es allerdings dann kein Halten mehr, das Frühstück ruft und so sitzen wir frisch geduscht und fein gemacht an einem reichlich gedeckten Frühstückstisch. Schräg neben uns sitzt ein deutschsprechender Mann, der gerade sein Zimmer noch um eine Nacht verlängert hat. Wir kommen ins Gespräch und erfahren von ihm, dass er ab Zürich gelaufen ist und nun am nächsten Morgen den Linienbus dorthin zurück nimmt. Er sei Beamter beim Staat, bei einem statistischen Amt für Bauwirtschaft oder so ähnlich. Wir hören seiner Erzählung seines Jakobsweges zu und finden, dass es tatsächlich so ist, dass der Weg jedem das gibt, was er benötigt. Nach dem Frühstück gehen wir in die Reinigung, die frisch gewaschenen Sachen abholen. Voll Freude nehmen wir die Textilien entgegen und sind glücklich darüber, heute in frische Sachen schlüpfen zu können. So führt uns der Weg auch sofort zurück ins Hotel, wo wir förmlich in unsere frischen Sachen hineinspringen um dann zur Kirche zu gehen. Lilly hat das Bedürfnis, sofort hinzulaufen und ich folge ihr. In der Kathedrale sind kaum Menschen, aber es scheint ein Hochamt stattzufinden, denn mehrere Priester zelebrieren den Gottesdienst und unter der Statue des Jakobus stehen Männer in schwarzen Gewändern mit dem roten Jakobuskreuz auf der Brust. Nachdem der Gottesdienst beendet ist, verteilt der Küster Kerzen an die Priester und diese ziehen zusammen mit der Jakobusbruderschaft zu einem Seitenaltar, wo nochmals eine feierliche Zeremonie zu Ehren des 07.11. stattfindet. Diese dauert nur zehn Minuten, danach verlassen alle den Seitenaltar und die Angestellten der Kathedrale verschließen diesen wieder mit dem schmiedeeisernen Tor. Minuten später erkennt man nicht einmal mehr, dass der Seitenaltar überhaupt geöffnet war. Uns ist nicht ganz klar, was das nun war. Lilly wollte unbedingt in die Kathedrale und der Gottesdienst mit der Jakobusbruderschaft war mehr als beeindruckend. Außer ein paar Spaniern war niemand in der Kirche. Darüber müssen wir erst einmal nachdenken. Mussten wir auch deshalb gestern schon ankommen, um heute an dieser Feier teilzunehmen? Sind wir bereits esoterische Spinner geworden, die aus allem etwas herauslesen wollen? Keine Ahnung. Wir versuchen, die Fakten zu sehen und von diesen auszugehen. Wichtig ist nun herauszufinden, was der 07.11 in Santiago bedeutet.

15 Wer bin ich?

15.1 *Γνῶθι σεαυτόν* - *Gnothi seauton – Erkenne Dich selbst*

Wer von uns hat noch nicht diesen Ausspruch gehört oder hören müssen. Erkenne dich selbst. Das hatte mir bis dato wenig gebracht. Für mich war das nur ein dummer Spruch von ach so hochfliegenden Philosophen, die alles besser wissen.

Diese Meinung habe ich aufgegeben. Nach dem Laufen auf dem Jakobsweg hat sich in unserem Leben alles verändert. Nichts ist mehr so wie vorher. Es scheint so, dass in uns ein kleiner goldener Mensch gefangen gewesen ist, der durch die Schlacken der Gesellschaft, der Erziehung, ja vor allem durch das sich Anpassen und durch das Geliebt-werden-wollen verschwunden war und den wir jetzt durch den Schweiß und wahrscheinlich auch durch die Energie der Natur, in der wir uns nun täglich bewegten, freigegeben haben.

Dieser kleine innere Kern von uns zeigt sich nun auch im Außen. Wir werden unbequemer für die uns umgebenden Menschen, denn wir sind kompromissloser geworden.

15.1.1   Kompromisse

Der Weg hat uns die Erkenntnis gebracht, dass Kompromisse im Leben auf den ersten Blick sehr gut sind, weil man „diplomatisch" agiert hat und sich mit sich selbst oder anderen „arrangiert" hat. Wenn man die Kompromisse aber genauer betrachtet, so läuft jeder Kompromiss nach folgendem Schema ab:

- Ich will etwas erreichen oder habe einen konkreten Wunsch

- Irgendjemand erklärt mir, dass ich mir diesen Wunsch nicht erfüllen kann (oder ich selbst bin mir nicht sicher, dass ich mir diesen Wunsch erfüllen kann)

- Ich fange an, Kompromisse einzugehen

- Der Wunsch ist aber trotzdem unbewusst noch da, da er aber nicht beachtet wird und nur durch einen Kompromiss „leben" darf, fängt der Wunsch an, in meinem Kopf zu „faulen"

- Wenn der Wunsch dann genug Fäulnis erzeugt hat, ich also nicht mehr richtig leben kann, weil dieser Fäulnisgestank mich daran hindert, versuche ich einen Befreiungsschlag Richtung Wunsch

- Der Wunsch erfüllt sich oft etwas anders als gedacht, besser als geplant und hinterlässt einen zerstörten Kompromiss und eventuell einen Zeitraum, der dadurch geprägt ist, dass ich das Gefühl habe so viel Zeit mit dem Kompromiss verschwendet zu haben.

Hierzu ein Beispiel:

Ich habe als kleiner Junge immer den Wunsch, ein erfolgreicher Manager zu werden. Ich gehe in die Schule und habe dort während der Schullaufbahn oft Schwierigkeiten mit Mathematik. Daraufhin empfiehlt ein Lehrer meinen Eltern, ich solle eine sprachliche Laufbahn einschlagen, da ich im

Wirtschaftszweig des Gymnasiums untergehen würde. Sprachen interessieren mich aber nicht, und so bleibe ich durch den Kompromiss ein mittelmäßiger Schüler. Ich werde immer schlechter und unter Umständen schaffe ich sogar das Abitur nicht, weil ich zu schlecht in der Schule bin. Als Kompromiss entscheide ich mich für eine Lehre als Automechaniker, die ich dann auch abbreche, weil sie nichts für mich ist. Ich habe keine Ausbildung und kein Geld, also muss ich z.B. bei eBay meine privaten Sachen verkaufen. Hier lerne ich, dass ich mehr Geld erziele, wenn ich den Text für meine Auktionen griffig formuliere und schöne Bilder in die Auktion stelle. Irgendwann macht mir das Verkaufen auf eBay soviel Spaß, dass ich für meine Freunde auch Artikel verkaufe. Dann sogar für Bekannte und Fremde und nehme dann dafür einen Prozentsatz vom Umsatz. Das Ganze entwickelt sich immer weiter, ich lerne verkaufen, zu planen, wie hoch die Marge sein muss, damit die Waren einen guten Gewinn für mich erzielen. Ich lerne zu verhandeln und irgendwann fragt mich ein Bekannter, ob ich nicht sein Auto für ihn verkaufen kann, oder sogar sein Grundstück. Die Provisionen werden immer höher und irgendwann verdiene ich soviel, dass ich eine Firma gründen kann, die für andere verkauft. Beim Verkaufen bleibt es nicht, denn das, was ich gelernt habe, kann ich auch weitergeben, also gebe ich „Nachhilfe" im Verkaufen und Verhandeln. Mit jedem erfolgreichen Verkauf und jedem Verhandeln werde ich besser, weil ich immer mehr Erfahrung bekomme. Vielleicht geht meine Firma pleite, weil ich Dinge noch nicht richtig gemacht habe, aber ich lerne immer mehr dazu. Dann kommt der Zeitpunkt, wo ich begriffen habe, Kompromisse sind Quatsch, ich muss meinen Weg gehen und mir treu bleiben. Also mache ich nur noch das, wobei ich Freude empfinde: Verkaufen, verhandeln und meine Strategien optimieren. Irgendwann habe ich dann alles im Griff, denn das Leben besteht nur aus Verhandeln, Verkaufen und Freude haben, denn die Kompromisse habe ich abgeschafft. Wenn mir jemand nicht gefällt, muss ich nicht wie früher mit ihm zusammenarbeiten, denn ich habe Verhandeln optimiert und kann ihn aus meinem Umfeld dadurch entfernen.

Was habe ich also am Schluss gelernt? Egal was passiert, ich kann alles managen. Wer bin ich? Ein Manager.

Am Ende hat sich der Wunsch durchgesetzt und der geneigte Leser wird auf jeden Fall zugeben, dass der Weg dorthin durch Umwege gekennzeichnet war. Aber auf jedem Umweg habe ich gelernt und bin besser geworden.

Ein zweites Beispiel:

Ein Mann und eine Frau heiraten. Beide lieben sich nicht, aber der Kompromiss scheint aufzugehen, weil beide der Ansicht sind, nichts Besseres zu bekommen als gerade den anderen Partner. Tagein, tagaus wachen beide morgens auf und wissen, dass der andere Partner nur ein Kompromiss ist. Und weil Kompromisse ja toll sind, schließen sie weitere Kompromisse. Da der eine Partner auf dem Land leben will, der andere aber in der Stadt, ziehen sie an den Stadtrand. Halb Land, halb Stadt. Beide sind am Anfang froh, den Kompromiss eingegangen zu sein. Bei der Wohnungseinrichtung schließen sie den nächsten Kompromiss: er will einen Fernsehsessel und sie eine Couch, also kaufen sie eine ausziehbare Fernsehcouch, aber nicht das Topmodell, sondern einen Kompromiss, der billiger ist. So schließen die beiden über Jahre jeden Tag einen Kompromiss um den anderen, bis einer von beiden so unglücklich ist, dass es nicht mehr weitergeht. Also entscheidet sich zum Beispiel der Mann dafür, dass er sich eine Freundin suchen muss. Und weil er ja Kompromisse gewohnt ist, sucht er sich hier den gleichen Typ Frau, den er eigentlich zuhause hat. Sie dagegen glaubt an ihre Kompromissehe, kann aber das Unglück nicht mehr so richtig ertragen und flüchtet in den Kompromiss Alkohol. Erst trinkt sie heimlich mal einen Prosecco, bis am Ende dann die erste Wodkaflasche morgens um zehn schon leer ist. Kompromiss folgt auf Kompromiss, bis es nicht mehr weitergeht. Er trennt sich von seiner Freundin, weil die genauso geworden ist wie seine Frau. Seine Frau ist mittlerweile Alkoholikerin und bekommt nun die Aufmerksamkeit und „Liebe" von den Suchttherapeuten, die sie immer haben wollte. Wieso soll sie dann etwas ändern und beispielsweise mit dem Trinken aufhören? Schließen wir doch einen Kompromiss, denkt sie, und ich trinke noch ein Schlückchen, dann höre ich auf. Mittlerweile sieht sie auch aus wie eine Alkoholikerin und muss sich tagsüber stark parfümieren, damit niemand ihre Fahne riecht, obwohl es ihr jeder ansieht. Dann kommt der Big Bang! Er hat mittlerweile die zehnte Freundin verschlissen und sie die zehnt Alkoholtherapie. Mittlerweile ist man ja dann doch weit über fünfzig, da trennt man sich nicht mehr. Also schließen sie einen Kompromiss: Sie hört mit dem Trinken auf und er trennt sich von seiner Freundin, weil sie sonst ja im Alter alleine sein könnten... Und mit über fünfzig findet man keinen neuen Partner. Nach all den Kompromissen stirbt dann (endlich) einer der Partner und erhält eine Kompromissbestattung. Der andere Partner ist jetzt plötzlich frei (weil sein Kompromiss tot ist) und beginnt sich in die Richtung zu entwickeln, die keiner mehr erwartet hätte. Er sucht sich genau den Partner, den er sich schon vor Jahrzehnten hätte nehmen können und beginnt plötzlich kompromisslos zu leben, denn der Rest vom Leben ist jetzt überschaubar.

Aller guten Dinge sind drei:

Hans ist ein kleiner Junge. Seine Eltern meinen es gut mit ihm und beschützen ihn vor allen Unwägbarkeiten. Wenn er mit anderen Kindern spielen will, erklären sie ihm, dass das gefährlich sein kann, weil die andern Jungs Rabauken sind und ihn bestimmt schlagen. Er glaubt das und schaut lieber Fernsehen oder spielt mit seiner Spielekonsole, denn hier kann ihm nichts passieren. Kinder sollen sich aber bewegen und mit anderen Kindern raufen. Ihm fehlt etwas, er weiß zwar nicht was, aber sein Gefühl sagt ihm, „Martin, geh raus und spiele und raufe Dich mit den anderen, dass ist wichtig für Deine Entwicklung". Er glaubt aber nicht seinem Gefühl, sondern schließt den Kompromiss: „Heute spiele ich noch mal mit der Konsole, morgen gehe ich dann raus". So macht er das Tag für Tag und lernt so gegen sein Gefühl zu leben. Er wird bei der Spielekonsole immer besser und schafft ein Level immer schneller als das vorhergehende. In der Schule wird er aber gehänselt, weil er nie gelernt hat, sich mit anderen Kindern auseinanderzusetzen und sich nicht alles gefallen zu lassen. Keines der anderen Kinder will etwas mit diesem Spinner zu tun haben. Er merkt das, aber er schließt den Kompromiss, sich dem Problem irgendwann einmal zu stellen und setzt sich daheim an den Computer und rattert seine Computerspiele herunter. Intelligent ist er, aber es fehlt im daran, zu wissen, wie man mit Gleichaltrigen umgeht. Diese Probleme können sich bis zur Pubertät hinziehen und dann merkt er, dass er ziemlich „uncool" ist. Er will aber auch von den Mädchen gemocht werden und von den Jungs akzeptiert sein. Also wird er zum Kompromissmeister: Damit ihn die anderen mögen, muss er einen Kompromiss um den anderen schließen. Am Ende besteht er nur noch aus Kompromissen und nicht mehr aus sich selbst. Er wird von jedem ausgenutzt, da er ja nie gelernt hat, dass er „JA" und „ NEIN" sagen muss, um im Leben zu bestehen. Wenn auch nur ein Kompromissloser in seiner Klasse ist, wird dieser ihn ausnutzen bis zum Ende. Er wird für den Kompromisslosen die Hausaufgaben erledigen und diesem die neuesten Computerspiele mitbringen etc. Nur um zu gefallen. Sein Selbstbewusstsein ist vollkommen verkümmert, er ist nur dann toll, wenn ihm ein „Alpha Mitschüler" sagt, dass er etwas gut gemacht hat. Er lernt praktisch immer nur auf Lob und Tadel zu reagieren und aus dem Augenblick mit Kompromissen zu handeln. Er hat keine klare Meinung zu etwas und kann keine Entscheidungen treffen, ohne von anderen deren Meinung zu wissen. Wie geht das bei ihm weiter? Wie soll er erwachsen werden? Oder endet er als Amokläufer in seiner Schule, weil er alle, die ihn ärgerten, kompromisslos hinrichtet?

Nun, wie gut sind Kompromisse?
Kompromisse sind wie Knäuel falscher Entscheidungen, die wir täglich treffen. Diese Knäuel werden immer komplexer und verfilzen immer mehr und im Inneren wissen wir aber: Am Ende unseres Lebens müssen wir das Knäuel wieder entwirrt haben.

15.1.2   Klare Entscheidungen

Auf dem Jakobsweg, wie auch auf dem Lebensweg, sind klare Entscheidungen lebensnotwendig.

Nur wenn ich eine klare Entscheidung treffe, kann ich mich auch darauf verlassen, dass diese tragfähig ist.

Klare Entscheidungen zeichnen sich durch folgendes Schema aus:

- Frage: „Was will ich erreichen?" oder „Was will ich?"

- Antwort: „Genau das will ich erreichen!" oder „ Genau das will ich!"

- Entscheidung: „Wenn ich das wirklich will, dann tue ich es auch!"

- Frage: „Wie kann ich es erreichen?"

- Antwort: „Ich kann es erreichen."

- Durchhalteparole: „Ich bringe die Sache zu Ende, egal was geschieht."

- Zwischenergebnis: „Das ist ein gutes Gefühl, weil ich meinen Weg gehe."

- Viele kleine Zwischenergebnisse und positive Gefühle enden im

- **Ergebnis**: „Wow, ich habe es geschafft!"

Am Beispiel des Jakobsweges ist dieses in einem Beispiel leicht zu verstehen:

„Was will ich erreichen?"

„Den Jakobsweg bis Santiago de Compostela gehen."

„Will ich wirklich den Jakobsweg gehen und mir dabei vielleicht Blasen an den Füßen, Knieschmerzen holen und vielleicht in schmutzigen Herbergen übernachten und nur drei T-Shirts zum Wechseln dabei haben? Ja, das will ich unbedingt!"

„Um in Santiago de Compostela anzukommen, muss ich jeden Tag circa 20 Kilometer zu Fuß laufen und den gelben Pfeilen folgen. Dafür muss ich ordentliche Schuhe haben und einen nicht zu schweren Rucksack und eine Technik, wie ich Phasen der absoluten Erschöpfung meistern kann. Regenzeug wäre gut. Vielleicht benötige ich auch Blasenpflaster, aber die kann ich mir auch in jeder Apotheke auf dem Weg kaufen. Natürlich muss ich auch auf meinen Körper achten, wenn Schmerzen auftreten, muss ich meinen Körper kennenlernen, ob das echte oder Verweigerungsschmerzen sind."

„Ja klar, wenn ich es so mache, jeden Tag laufe, dann werde ich zwangsläufig in Santiago de Compostela ankommen. Da führt kein Weg dran vorbei."

„Auweia, meine Fußsohlen brennen im Moment. Na gut, ich ignoriere das und laufe weiter. Ich kann jederzeit eine Pause machen."

„Schon 35 Kilometer heute gelaufen. Fühlt sich trotz der Schmerzen super gut an!"

„ 12. Tag: 23 Kilometer gelaufen. Muskelkater, aber glücklich!"

„Endlich Santiago! Bin superstolz auf mich! Danke, lieber Körper, dass Du durchgehalten hast. Meine Freunde zuhause werden staunen!"

Natürlich bin ich in dem Moment, wo ich eine klare, unverrückbare Entscheidung treffe, erst einmal mir selbst den Beweis schuldig, dass ich die richtige Entscheidung getroffen habe. Wenn ich mich aber zu dieser Entscheidung bekenne und mich in Richtung dieser Entscheidung bewege, dann bekomme ich mit jeder Minute und Sekunde, in welcher ich mich in der Phase befinde, ein gutes Gefühl.

Beispiel:

Ich entscheide mich heute, fünf Kilogramm abzunehmen. Wenn ich in einem Monat fünf Kilogramm abnehmen will, ist es dann gut sofort anzufangen, sich gesund zu ernähren, vielleicht sich ein Ernährungsprogramm von einem Ernährungsberater erstellen zu lassen oder ist es besser, erst einmal drei Wochen jede Minute Sahneschnittchen zu essen, auf der Couch zu liegen und fernzusehen? Mir bleibt dann nur eine Woche, um fünf Kilogramm abzunehmen und ich habe mich drei Wochen vorher jedesmal schlecht gefühlt, wenn ich eine Sahneschnitte aß, da ich ja die Entscheidung vorher getroffen hatte.

Wenn ich aber sofort anfange und mir die Sahneschnitte verbiete mit den Gedanken: „Die schmeckt bestimmt lecker, ich bin aber stolz drauf, dass ich zu meiner Entscheidung stehe, sie nicht zu essen!", bin ich dann nicht auf der Siegestour? Und wenn die Fernsehcouch ruft und mir suggerieren will, dass bestimmt ein toller Film am Abend läuft, ist es dann nicht ein besseres Gefühl zu sagen: „90 % des Fernsehprogrammes ist echt nicht für mich gemacht, ich gehe jetzt eine Runde um den Block. Wenn mir danach das Programm gefällt, schaue ich einmal rein…" Kann ich denn überhaupt mein Ziel verfehlen, wenn ich so konsequent bin? Nein, kann ich nicht. Ich werde mein Ziel erreichen, da führt kein Weg daran vorbei.
Vielleicht werden jetzt einige argumentieren, dass die Entscheidung mit der Runde um den Block ein Kompromiss war. Leider stimmt das nicht, denn das war eine klare Entscheidung, die auf eine klare Entscheidung fünf Kilogramm abzunehmen, folgte, und niemals ein fauler Kompromiss. Übrigens: ich habe seit Beginn des Jakobsweges bis heute 15 Kilogramm abgespeckt. Mit eben diesen klaren Entscheidungen…

Während ich dieses Buch schreibe erkenne ich auch an mir das Problem, auf eine klare Entscheidung eine ebenso klare Handlung folgen zu lassen: Meine

Familie und meine Freunde haben mich überzeugt, dass ich dieses Buch schreiben soll. Zu offensichtlich waren die Veränderungen, die der Jakobsweg an mir und an meiner Frau bewirkt hat. Unser Verhalten hat sich verändert und auch der Umgang mit den Menschen ist härter aber liebevoller geworden. Doch mehr dazu später. Ich sitze also nun hier vor meinem geliebten Computer und habe zwischendurch riesige Sinnkrisen durchlebt. Zwar stand die Entscheidung fest eine kurzweilige Reiseerzählung an den Anfang des Buches zu stellen, aber als diese geschrieben war, wollte ich nicht mehr weiterschreiben, denn ich fand die Ausrede, dass ich ja den Lesern nichts mehr zu sagen hätte. Die Erkenntnisse des Jakobsweges waren für mich so essentiell, dass ich diese niemandem weitererzählen wollte.

Warum? Nun der Zauberkünstler ist dann kein Zauberer mehr, wenn er seine Zaubertricks verrät. Ich hatte die Angst, dass ich die Erlebnisse und Erkenntnisse nicht zu Papier bringen dürfe, da dieses vielleicht einen anderen darum berauben würde, diese Erkenntnisse selbst zu erleben. Nachdem jetzt das Manuskript dieses Buchs zwei Monate geruht hat und immer nur sporadisch etwas ausgebessert wurde, habe ich durch das Leben, welches ja weiterging, gelernt, dass die Erkenntnisse, auch wenn sie beschrieben werden, sowieso nur selbst erlebt werden können.

Mein guter Freund, Michael Donner, welcher gerade auch sein Buch fertiggestellt hat, hat mich zu dieser Erkenntnis stark inspiriert und deshalb schreibe ich weiter.

15.1.3   Der Zauberkünstler

Hierzu ein kleines Märchen:

Es war einmal ein Junge, der konnte zaubern. Sehr schnell stellte er fest, dass keiner in seiner Umgebung zaubern konnte, und so behielt er dieses Geheimnis für sich. Er wollte nicht anders sein als die anderen Menschen und Kinder in seiner Nähe. Er wuchs zu einem Jüngling heran und hatte das Zaubern fast vollständig verlernt, er benutzte diese Fähigkeit niemals, so dass er alles so wie die normalen Menschen lernen und sich erarbeiten musste. Er wurde vom Jüngling zum jungen Mann und arbeitete bei verschiedenen Herren. Schnell wurde er von diesen als sehr fleißig und rechtschaffen erkannt und bekam immer größere Aufgaben übertragen. Er verliebte sich, wie es alle jungen Männer tun, in junge Frauen und hofierte mehrere nacheinander. Jedoch fehlte ihm in den Beziehungen immer etwas. Einmal war es Herzlichkeit, einmal war es Freude, einmal war es Ehrlichkeit. Keine der Frauen konnte es ihm so recht machen, dass er das Gefühl hatte, er könnte diese heiraten. So vergingen Jahre und eines Tages geriet er an eine Frau, die ihn bei seinem Herrn anschwärzte und er verlor daraufhin seine Stellung.

Er fiel daraufhin in ein tiefes Loch, denn er hatte dieser Frau vertraut und sie hatte ihn um seine Stelle gebracht. So zog er sich von den Frauen zurück und wollte nie mehr einer solchen sein Herz schenken. Er fand über einen Bekannten eine alte Hexe, die der Magie fähig zu sein sollte und verabredete sich mit ihr, damit sie ihn mit einem Bann belegen solle, damit er sich nie mehr in eine Frau verlieben könne. Er ritt mit seinem Pferd in den dunklen Wald und an der siebten Weggabelung führte ihn ein knorriger Baum, der als Wegweiser zur Hexe diente, zu dem alten spitzen Hexenhaus. Am Hexenhaus war es totenstill, kein Tier war zu sehen oder zu hören, nur ein Rabe saß auf der Bank vor dem Häuschen und beobachtete ihn mit seinen schwarzen Knopfaugen. Aus dem Kamin des Hauses kringelte sich gelber Rauch in die Baumwipfel gen Himmel. Unsicher beäugte der junge Mann das Hexenhaus und versuchte das erste Mal seit langem, dieses über sein Zauberergefühl zu ertasten. Er unterdrückte aber das Gefühl, stieg von seinem Pferd ab und ging auf die Türe des Hexenhauses zu. Diese öffnete sich wie von Zauberhand und er trat in den dunklen, rußgeschwärzten Raum ein. In der Mitte köchelte ein Hexenkessel auf dem offenen Feuer. Aus diesem Kessel stieg also der gelbe Rauch auf. In der Ecke saß die alte Hexe, die ihn, auf einen knorrigen Stock gestützt, mit rauchiger Stimme begrüßte. Er trat zu der Hexe hin und in diesem Augenblick färbte sich der gelbe Rauch aus dem Kessel violett und die Hexe veränderte sich. Ihr Körper streckte sich, die Nase zog sich ins Gesicht zurück, die Warzen auf der Wange und Nase verschwanden und die verfilzten grauen Haare wurden gülden. „Du bist der Zauberer, der alles verändern wird." sprach die nun nach Fee aussehende Hexe. „Es ist die Zeit, da alles vergeht und wiederkehrt." Der junge Mann erschrak und flüsterte: „Ich will das nicht." Die Hexe schaute ihn gütig aus stahlblauen Augen an und sprach: „Die Bestimmung lässt Dir keine Wahl. Was Du retten willst, rette, was Du vergehen lassen willst, lasse vergehen." Sprach es und verschwand mitsamt dem Hexenhaus, und der junge Mann stand plötzlich auf einer wunderschönen Waldlichtung, die Vögel um ihn herum zwitscherten und die Sonne wärmte sein erfrorenes Herz. Der junge Mann fasste eine klare Entscheidung: Er würde ab sofort als Zauberkünstler auf den Märkten des Landes auftreten und dabei die Menschen, die seinen Kunststücken zusehen würden, beobachten und ihnen heimlich helfen, wenn sie Hilfe benötigten und wollten.

Er zauberte sich einen Zirkuswagen mit zwei Pferden, einen Esel und einen Tanzbären herbei und machte sich auf den Weg. Am ersten Marktplatz stellte er seinen Wagen auf und ließ den Bären Kunststücke vorführen und den Esel schreien. Viele Leute eilten herbei und er konnte in deren Herzen lesen, was sie für Sorgen hatten. Jedoch verwunderte es ihn, dass viele gar nicht das Bedürfnis hatten, von ihren Sorgen loszukommen, sondern stattdessen lieber leiden wollten. Diejenigen aber, die im Inneren nach Hilfe schrien, die ließ er an seinen Kunststücken mitwirken und heilte sie und half ihnen dadurch, dass er ihnen ihr Selbstvertrauen und Hoffnung zurückgab, denn seine Zaubertricks waren keine Tricks, sondern echte Zauberei. Die Menschen wurden in dem Moment geheilt, als der Zauberer mit seinem Zirkuswagen den Ort verließ. In jedem Vorgarten eines Menschen, der geheilt wurde, wuchs eine wunderschön duftende Rose, die in Sommernächten zusammen mit den anderen Rosen der anderen Geheilten einen betörenden Duft über das Land aufsteigen ließen. Dieser Duft half denjenigen, die lieber leiden wollten, ihre Leiden zu ertragen.

Dieses Märchen hat mich immer schon sehr fasziniert, jedoch nach der Reise nach Santiago de Compostela hatte es eine ganz eigene Bedeutung für mich gewonnen. Denn ab sofort lebten wir nicht mehr in dem Strudel der Reaktionen auf andere, sondern hatten gelernt, wieder auf unser Gefühl zu achten, welches ein hervorragender Indikator dafür ist, ob etwas gut oder schlecht für uns ist. Durch diese Veränderung waren wir erst einmal für unsere nähere Umgebung gar nicht mehr einzuschätzen. So sanft wir vorher waren, so hart reagierten wir im Moment auf bestimmte Sachen, die wir nicht machen wollten. Im Laufe der Zeit haben sich aber fast alle daran gewöhnt, dass wir nicht mehr diplomatisch sind, sondern das aussprechen, was wir denken. Zwar manchmal auf charmante Art, aber immer bestimmt und immer so, dass der andere versteht, was gemeint ist.

15.2 Herzensbildung

Der Jakobsweg hat uns zu einem Ziel geführt, an das wir vorher nicht zu denken gewagt haben: Durch die Umstellung auf positive Entscheidungen haben wir fast jegliche Angst vor dem Leben verloren. Was bedeutet das? Angst vor dem Leben ist fast etwas Normales, denn diese Angst bekommt man von Kindesbeinen an gelernt. Pass auf! Mach dies nicht, das ist gefährlich! Wie schon vorher bei Hans beschrieben, schützt uns diese Angst nicht, sondern sie hindert uns, am Leben teilzunehmen und das Leben mit allen Facetten zu genießen.

15.2.1 Angst vor dem Untergehen

Eine weitverbreitete Angst ist die, dass wir im Leben untergehen, wenn wir nicht etwas ganz Bestimmtes tun. Warum sollten wir untergehen, wenn wir genau nach dem Gefühl oder sagen wir unserem Instinkt leben? Instinktiv schützt uns dieser vor dem Untergang. Wenn jedoch das Hören auf das innere Gefühl durch jahrelanges Leugnen und Negieren abtrainiert worden ist, sind wir vollkommen den willkürlichen Aussagen anderer ausgeliefert.

Ein Beispiel:

Stellen Sie sich einen schönen Sommertag auf einer grünen Wiese vor. Die Blumen blühen, die Sonne lacht und eine wohlige Wärme umgibt Sie.

Merken Sie, dass Sie sich gut fühlen? Gut.

Laut Statistik sterben an so einem Sonnentag Allergiker mit 80 % er höherer Wahrscheinlichkeit als an einem Regentag. Und bei 75 % der Nicht-Allergiker wurde erkannt, dass sie eine versteckte Allergie haben. Wahrscheinlich sind Sie auch Allergiker.

Ist Ihre gute Laune jetzt weg? Gut. Ich habe mir die Statistik ausgedacht. Alles nur gelogen. Aber wie war Ihre Reaktion? Die Stimmung sank, Sie dachten darüber nach, ob Sie Allergiker sind und bald sterben müssen und sowieso gehen Sie jetzt immer im Sommer, wenn Sie auf die Wiesen gehen, mit der blöden Statistik im Hinterkopf über die Wiese.
Bitte lassen Sie sich nicht manipulieren: Wenn Sie gesund sind, dann freuen Sie sich und lachen über meinen Quatsch. Wenn Sie Allergiker sind, dann unternehmen Sie etwas dagegen. Finden Sie sich niemals damit ab, dass andere mehr wissen als Sie. Das stimmt nämlich nicht. Jeder Mensch ist auf seinem Gebiet Spezialist.

Und wo war nun Ihre Angst vor dem Untergehen? Ich denke, Sie haben jetzt gerade ein „Jetzt-erst-recht!" Gefühl und zeigen es mir, dass Sie im Sommer die Sonnenwiese genießen können.

Ähnlich ging es mir auf dem Jakobsweg. Ich startete mit Übergewicht und untrainiert und jeder erzählte mir von Statistiken, wie viele Menschen schon auf dem Weg gestorben sind, manche an Erschöpfung, andere an Lungenentzündung etc. Der Pilgerfriedhof in Villafrancha del Bierzo ist ein nicht wegzudiskutierender Beweis. Aber wie viele sind denn gesund und glücklich angekommen in Santiago? Auf jeden Fall mehr, als gestorben sind. Also ist das alles eine Frage der Einstellung. Wenn ich sterben soll auf dem Weg, habe ich sowieso keine Chance. Aber wieso soll ich gerade jetzt sterben?

Ein guter Freund von mir hat vor Jahren seine Firma und das Inventar auf mein Anraten hin verkauft, den Namen aber behalten. Er agiert momentan für seine Kunden nur noch als Zwischenhändler. Das heißt, seine Firma besteht aus ihm und aus einer Sekretärin, die nur zweimal die Woche da ist. Seine Kunden haben bis jetzt noch nicht mitbekommen, dass er überhaupt keine Infrastruktur mehr hat und woanders produzieren lässt, seinen Namen auf das fertige Produkt kleben lässt und in seinem Namen an seine Kunden ausliefern lässt. Früher hatte er einen 18 Stunden Tag, hatte kaum Freizeit und war total gestresst und hatte immer Angst vor dem Untergehen. Jetzt hat er seine Maschinen und das Inventar teuer verkauft und müsste eigentlich gar nicht mehr arbeiten. Momentan arbeitet er vielleicht eine Stunde am Tag und lässt sich die Aufträge seiner Kunden per Handy, Email oder Fax erteilen. Er hat immer genug Freizeit, verdient genauso viel wie vorher, aber er hat ebenfalls Angst vor dem Untergehen. Ich habe ihn nach dem Jakobsweg einmal folgendes gefragt und ihm untenstehenden Zettel gegeben:

Wieso hast Du Angst vor dem Untergehen? Wie viele Menschen kennst Du, die untergegangen sind? Und wie viele kennst Du, die nicht untergegangen sind?
Ich habe meinem Freund Folgendes geraten auszufüllen (ist vielleicht für Sie auch hilfreich):

Folgende Personen sind untergegangen:

_____

_____

_____

_____

_____

Diesen Personen geht es gut und sie leben glücklich:

_____

_____

_____

_____

_____

15.2.2   Angst vor Krankheit

Wir leben in einer Zeit, in welcher sämtliche Heilmethoden so gut entwickelt sind, wie noch nie in der Geschichte vorher. Kaum eine Krankheit kann nicht behandelt werden und die unheilbaren Krankheiten sind fast ausgestorben. Wie hoch ist also die Wahrscheinlichkeit für Sie, so krank zu werden, dass die Krankheit länger als zwei Wochen dauert? Ich glaube, diese Wahrscheinlichkeit ist minimal. Wieso haben dann aber die Menschen Angst vor Krankheit? Krankheit ist wohl ein Überbegriff für das nicht zu Greifende, das lebensbedrohende Unbekannte. Aber was ist das denn?

Auf dem Jakobsweg werden Sie desöfteren mit Situationen konfrontiert, die lebensbedrohlich sein können. Wenn Sie einen Tagesmarsch zum Beispiel auf den O Cebreiro zu spät beginnen und das Wetter umschlägt und Sie sich nicht entscheiden, dann in La Faba zu übernachten, dann sind Sie in so einer Gefahr. Aber einmal ganz ehrlich: Sie haben alles in Ihrer Entscheidungsgewalt, denn Sie können früher aufbrechen oder rechtzeitig Rast machen. Oder die berühmten Erzählungen der bösen Hunde auf dem Jakobsweg, die immer von bestimmten Pilgerführern verbreitet werden. Kein einziger Hund wird einen Menschen ohne Grund angreifen. Also haben Sie es wieder in der Hand: Sind Sie nett zu Tieren und lieben Tiere, wieso soll Sie dann ein Hund anfallen?

Auch hier ist wieder mein Freund ein gutes Beispiel:

Früher, als er noch 18 Stunden am Tag gearbeitet hat, hatte er nie Zeit, sich um seine Gesundheit Sorgen zu machen. Jetzt lässt er sich Krampfadern operieren, lässt sich die Schlupflieder operieren, hat Angst vor Leberschäden, Nierenversagen, Krebs und Impotenz.

Genauso verhält es sich auch bei der sogenannten lebensbedrohenden unbekannten Krankheit: Das ist das Eingebildete, welches Molière beschreibt.

Wenn Sie die Krankheit haben, dann können Sie sich Gedanken darüber machen, wie Sie sie wieder loswerden. Wenn Sie sie nicht haben, dann machen Sie sich doch einfach Gedanken darüber, dass Sie doch ziemlich gesund sind, oder?

15.2.3   Angst vor dem Nichtbeachtetwerden

Wenn ich mich in meinem Umfeld umhöre, dann ist eine der schlimmsten Ängste die, nicht beachtet zu werden. Man tut alles, um einem bestimmten Klischee zu entsprechen und damit akzeptiert zu werden.

Ich kann mich noch gut daran erinnern, als wir von dem damaligen UN – Generalsekretär Kofi Annan eine Einladung zu einem Empfang der UN in New York hatten. Wir waren zu diesem Zeitpunkt als Gäste der UN zu Gesprächen mit verschiedenen UN Botschaftern in New York und ein Bote überbrachte uns die persönliche Einladung von Kofi Annan. Festliche Abendgarderobe war erwünscht, und keiner meiner Kollegen hatte einen Smoking oder ähnliches dabei. Und extra für einen einstündigen Empfang einen Smoking zu kaufen oder zu leihen kam für mich nicht in Frage. Also entschlossen wir uns für unsere dunklen Anzüge, die wir natürlich vorher nochmals in der 49.Strasse Ecke 2nd Avenue reinigen ließen. Am Abend des Empfangs betraten wir dann das UN Gebäude und waren viel zu schick angezogen. Die Gäste waren bunt gewürfelt aus New Yorks Diplomaten Szene und schauten uns zum Teil so an als wären wir in unseren Kommunionanzügen erschienen. Beachtung hatten wir also gefunden, aber so hätten wir sie nicht notwendig gehabt.

Aber was macht denn dieses „Beachtet-werden-wollen" aus dem Menschen und vor allem wer will beachtet werden? Beachtet werden wollen sehr oft Menschen, die sich selbst zu unscheinbar oder zu hässlich oder sonst irgendetwas finden. Sie bessern durch das Feedback von außen ihr sehr niedriges Selbstbewusstsein auf. Das heißt, die Frau, die die neuesten Schuhe in der 31 W 54th Straße oder in der 965 Madison Ave in New York (wenn wir schon mal da sind) kaufen müssen, um sich gut zu fühlen, machen das aus einem bestimmten Grund: Sie wollen beachtet werden. Dann können sie erzählen, wie schwierig es war, in diesem und jenem Laden die richtige Größe oder das richtige Design zu erhalten. Und dann erzählen sie stolz, wie sie es doch endlich erreicht haben, dass der Zoll die in Amerika gekauften Schuhe nicht gefunden hat. Schon ist die Frau Gesprächsstoff für die anderen Frauen. Aber ganz ehrlich, was hat der Mensch davon? Die Seele? Gar nichts, weil eigentlich die Frau wahrgenommen werden will und nicht die Schuhe mit der roten Sohle und der Frau daran, oder?

Wir haben auf dem Jakobsweg eine sehr einschneidende Erfahrung dazu gemacht: Am letzten Tag unseres Weges ging es nach dem Ortsschild Santiago durch ein kleines Industriegebiet, in welchem gerade viele Businesspeople Brunch einnahmen. Schick angezogen und gestylt, die neuesten Sonnenbrillen auf der Nase und dazwischen wir, abgekämpft, mit dem viel zu schweren Rucksack haben sie uns ein wenig mitleidig angesehen. Mir kam das wie ein Spießrutenlaufen vor, obwohl ich ja nun schon seit Wochen mein Aussehen und meinen verschwitzten Rücken kannte. Wir haben jedenfalls glücklich und mit Stolz verschwitzt und heruntergekommen aussehend die Kathedrale erreicht.

Da ist es dann so, wie wenn der Mensch selbst ankommt, aussehend wie eine Schildkröte mit dem großen Rucksack auf dem Rücken. Nichts mehr hinzuzufügen, nichts mehr wegzulassen. Einfach Mensch sein.

Auch nach unserer Ankunft zuhause haben wir dazu Erfahrungen gemacht. Gerade in der Großstadt ist für viele Menschen wichtig, Blicke auf sich zu ziehen. Wir haben festgestellt, dass wir nach dem Jakobsweg die Menschen nicht mehr ansehen, uns interessiert es nicht mehr, wer auf uns zukommt, oder wer um uns herumläuft. Es sind Menschen und damit gut. Jedoch veränderte sich einiges im Umgang mit den Menschen: Wenn Menschen nicht von Dir beachtet werden, interessieren sie sich plötzlich für Dich. Wildfremde Menschen kommen nicht damit klar, dass Du sie nicht beachtest. Wohlgemerkt: Es sind Menschen und das ist gut so. Aber diese Nichtbeachtung (nicht zu verwechseln mit Verachtung) macht Menschen unsicher und sie sehen, wie sich die Spreu vom Weizen scheidet, sprich, die gefestigten Menschen wollen nicht beachtet werden und die anderen werden unsicher. Hierzu lade ich Sie zu einem Test ein: Wenn sie die Möglichkeit haben, auf einer gut besuchten Flaniermeile Menschen zu begegnen, dann versuchen Sie es einmal, niemanden zu beachten und nur Ihren Weg zu gehen. Sie werden erstaunt darüber sein, wie die Menschen Ihnen im größten Gewühles Platz machen und sich nach Ihnen umdrehen.

15.2.4   „Man sieht nur mit dem Herzen gut."

Dieses Zitat von Antoine de Saint Exupéry aus dem Kleinen Prinzen beschreibt alles, was ein Mensch nach dem Jakobsweg oder im Leben können muss. Was bedeutet das? Wie schon geschrieben, täuscht sich unser Instinkt niemals, wenn wir uns angewöhnt haben, ihn zu trainieren und auf ihn zu vertrauen. Es kann etwas noch so tolle Schau sein, und gerade in der heutigen Zeit haben die Show-Leute überhand genommen, wenn Sie ein Gefühl dazu bekommen, sollten Sie darauf achten.

Ein Beispiel:

Menschen haben einen ausgeprägten Instinkt. Genauso wie Tiere. Wenn Ihnen auf einer Party ein Gast eine Geschichte erzählt, die Sie vom Gefühl her nicht glauben, dann vertrauen Sie auf Ihr Gefühl. Das ganze hat nichts mit übersinnlichen Fähigkeiten zu tun, sondern jeder Mensch ist in der Lage, wenn er in sich selbst ruht, sein Gegenüber über die Körpersprache etc. zu „lesen". Wenn also jemand lügt, dann hat sein Körper eine andere Sprache als sein Mund erzählen will. Sehr schön kann man das im Fernsehen bei manchen Homeshopping Sendern sehen, wenn der Moderator oder die Moderatorin die neueste Anti-Falten Creme verkauft, und selbst so im Gesicht gestrafft ist, dass er oder sie die Augen kam mehr zu bekommt und dann sich noch total gelangweilt von den Zuschauern weggedreht, in die Kamera schaut.

Oder bei einem Gesprächstermin mit einem Bekannten oder Kollegen, testen Sie Ihr Empfinden auf etwas von dem Sie wissen: „Jetzt lügt er oder sie". Und merken Sie sich das Gefühl. Immer wenn sie das Gefühl bekommen, egal wobei, wissen Sie nun in Zukunft: LÜGE!

Oder Sie erinnern sich daran, als Sie eine perfekte Entscheidung getroffen haben, wie war das innere Gefühl dabei? Merken Sie sich dieses Gefühl, denn wenn Sie in Zukunft aus zwei Alternativen die Richtige auswählen sollen, dann nehmen Sie einfach diese, bei der sich das Gefühl einstellt. Und wenn sich bei keiner Alternative das gute Gefühl einstellt, dann gibt es eine dritte, bessere Alternative. Dann sagen Sie einfach zu beiden nein.

16 Das Ende eines Lebens

Unser Leben, so wie es vor dem Jakobsweg war, ist beendet. Wenn wir die Monate betrachten, die nun ins Land gezogen sind, können wir diese Erkenntnis mehr als bestätigen.

Wir kamen aus Spanien zurück, und meine Arbeit existierte nicht mehr. Das alles kam völlig unerwartet und traf uns unvorbereitet. Das Gute daran ist, dass ich mit einem Schlag damit abschließen konnte, was ich sowieso gehasst habe. Mir blieb nichts mehr, von der Zeit vor dem Jakobsweg, einzig und allein die Sachen und Dinge, die ich gelernt hatte und immer noch lerne. Sechs Monate nach unserer Rückkehr war ich wieder fest im Sattel und hatte die Zeit, die mir geschenkt wurde, genutzt, um alle Dinge, die ich lernen durfte, nun auch umzusetzen. Ich durfte in diesen sechs Monaten Erfahrungen machen, die für mich genauso wichtig wie die Erkenntnisse des Jakobsweges sind. Durch die Veränderungen in unseren Charakteren hat sich beispielsweise bei meiner Frau das Büro in eine solch positive Richtung entwickelt, wie wir es vorher nie für möglich gehalten haben. Bei mir fanden die Veränderungen hauptsächlich im Erkennen darin, wer meine Freunde sind und wer übrigbleibt, wenn Dir alles wegbricht. Körperlich habe ich massiv abgespeckt und eine Kondition bekommen, wie ich sie zuletzt als Achtzehnjähriger hatte. Meine grauen Haare sind fast vollständig verschwunden und ich habe gelernt, nur noch auf meinen Instinkt und mein Gefühl zu vertrauen. Der alte Paul ist auf dem Jakobsweg gestorben und so wie dieser Charakter tot ist, hat sich ein neuer Paul entwickelt, der aber die guten Charaktereigenschaften des alten behalten hat und die schlechten fast vollständig abgeben konnte. Die Liebe zu den Menschen ist viel stärker geworden, wobei ich es lernen durfte, keinen Menschen mehr verändern zu wollen. Mit der Technik der klaren Entscheidungen habe ich eine fast hundertprozentige Vorhersagemöglichkeit in die Hand bekommen, welche mir momentan die Möglichkeit gibt, meine Freunde und Bekannte gut zu beraten, wenn sie das wünschen. Die Freiheit, die ich durch diese

Veränderung erfahren durfte und darf, ist fast grenzenlos, denn alle Dinge, die mich in meinem Leben behindert oder aufgeregt haben, sind in Angriff genommen und werden spätestens in weiteren sechs Monaten erledigt sein. Die Inspiration, die wir durch diesen Neustart erfahren durften, haben uns zu zwei sehr freien Menschen gemacht, die wissen, dass man im Leben nicht viel benötigt, um glücklich zu sein. Seit der Rückkehr sind wir in unserer Freizeit fast 800 km mit unseren Wanderschuhen gelaufen und haben dabei sehr viele schöne Fleckchen in unserer Umgebung kennengelernt. Die „großen Abenteuer", wie morgens fünfhundert Meter mit dem Auto zum Bäcker zu fahren, sind der Fähigkeit gewichen, morgens meine Frau in ihr zehn Kilometer entferntes Büro zu Fuß zu begleiten und sie abends wieder abzuholen, wenn sie Lust hat zu Fuß oder mit dem Auto. Wir müssen nichts mehr und können alles dürfen. Meine Frau hat in der Kathedrale einen Schwur abgelegt, dass sie wiederkommt, wenn bestimmte Dinge in unserem Leben erledigt sind. Und ich glaube fast, man kann uns dort schon langsam wieder einen Sitzplatz reservieren, und dieses Mal werden wir den gesamten Weg gehen und uns dafür auch genügend Zeit einräumen.

17 Die Antworten den Lebens

„Wenn Du das Leben etwas fragst, wird es Dir antworten."

„Wenn Du das Leben um etwas bittest, wirst Du das erhalten, worum Du gebeten hast."

Diese beiden Sätze hat mir einmal ein sehr weiser und hellsichtiger Mann aus meiner Hand gelesen. Damals hat er zu mir gesagt, er sagt mir zu meiner Zukunft nicht mehr als die zwei Sätze. Ich habe mich zu diesem Zeitpunkt doch sehr auf die Schippe genommen gefühlt, doch heute verstehe ich die Sätze wenigstens zum Teil.
Wenn ich das Leben frage: „Wer bin ich?" wird es mir antworten, indem es mir den Spiegel vorhält und mir dadurch zeigt, wer ich bin. Dieser Spiegel wird durch Situationen erzeugt und durch Menschen, welche in das Leben treten. Wenn ich ein schwacher Mensch bin (und das ist NICHT abwertend gemeint), werde ich nur von schwachen Menschen umgeben sein. Indem ich jeder Schwierigkeit aus dem Weg gehen will, lerne ich nur Menschen kennen, die Schwierigkeiten haben, und ich will diese umschiffen. Ich lerne meine Lektion, so lange, bis ich verstanden habe, wie ich mich in bestimmten Situationen verhalte.

Beispiel:

Komme ich immer zu spät, dann habe ich immer Stress mit Menschen, die zu spät kommen oder die mir Dinge zu spät geben etc. Lerne ich aber, das zu durchschauen, und lerne pünktlich zu sein, habe ich plötzlich im Umfeld ganz andere Menschen.

Bin ich leicht reizbar und denke, das Leben ist ungerecht, habe ich Menschen um mich herum, die aggressiv und ungerecht sind.

Dieser Satz: „Gleiches zieht Gleiches an." stimmt leider oder glücklicherweise?

Wenn ich meine Umgebung verändern will, dann muss ich mich verändern. So hat der Jakobsweg aus mir jemanden gemacht, der sich jetzt durchsetzen kann und das auch tut, und plötzlich sind diese ganzen Menschen weg, die mich immer ausgenutzt haben. Ich habe gelernt, dass meine Zeit und mein Leben etwas wert sind, und plötzlich sind diese Zeitfresser verschwunden. Man respektiert meine Zeit. Ich habe gelernt, dass ich gut in dem bin, was ich tue, und plötzlich sind die Kritiker verstummt.

Ich kann das alles nicht logisch erklären, nur so in etwa: Wenn ich immer meine Entscheidungen in eine Richtung treffe, dann komme ich mit bestimmten Menschen nicht mehr in Kontakt, was wiederum logisch ist. Wenn ich beispielsweise nur Erdbeereis esse, stehe ich immer in der Schlange mit den Menschen, die Erdbeereis essen. Man kennt sich dann ja auch langsam. Wechsele ich aber nach Jahren zum Zitroneneis, stehen da ganz andere Menschen in der Schlange. Mir ist klar geworden, dass es die Vielfalt des Lebens ist, die zählt. Wenn ich beispielsweise eine Stunde vor dem Fernseher sitze und Werbung oder Quizsendungen schaue, erlebe ich weniger, als wenn ich eine Stunde durch die Innenstadt laufe und mich bewege. Das eine ist statisch, das andere adaptiv.

18 Zuhause

„Wer überall sein will, ist nirgendwo zuhause."
Lucius Annaeus Seneca, (ca. 4 v. Chr - 65 n. Chr.)

Auf dem Jakobsweg haben wir gelernt, wie wichtig es ist eine Basis zu haben. Das Wort „zuhause" bezieht sich hier nicht nur auf das Heim, sondern auf das Innere des Menschen. Mir hat eine ältere Psychologin das ganze so erklärt: Man muss sich im Inneren eines jeden Menschen ein kleines Kind vorstellen, welches eigentlich alle Entscheidungen des Menschen unbewusst beeinflusst. Entscheidet der Mensch immer gegen das innere Kind, wird das innere Kind ihn früher oder später dazu zwingen, darüber zu reflektieren, was er tut. Es wird ihn erst dann wieder in Ruhe lassen, wenn er sich mit dem inneren Kind „versöhnt" hat. Diese Worte sind mir dann auch erst nach unserer Rückkehr verständlich geworden. Das innere Kind wird durch den Alltagslärm übertönt, wenn dann aber der Mensch in die Stille kommt, wird die Stimme des Kindes immer lauter. Ein Freund von mir hatte mich während der Studienzeit einmal auf dem Land besucht. Er konnte nicht lange bleiben, weil das Land so ruhig war, dass er permanent seinen Tinnitus hören konnte. Die Stadt war also lauter als sein Tinnitus. Die Frage, die sich mir heute stellt, ist, hätte er seinen Tinnitus auf dem Land überhaupt bekommen?

Eine Basis zu haben bedeutet, einen Ort in sich oder auch außerhalb zu haben, zu dem man immer wieder zurückkehren kann, um aufzutanken und über Dinge, die passiert sind, zu reflektieren. Es bedeutet, wieder in den Fluss zu kommen und sich danach wieder in das Leben „stürzen" zu können.

Hier endet die Geschichte. Vorerst. Fortsetzung folgt.

19 Danksagungen

Ein Buch ist für mich unvollständig, wenn in diesem der Autor nicht „danke!"
sagt.

Ich habe mich bei sehr vielen Menschen zu bedanken, bei meiner Frau Lil, bei
meiner Familie, bei meinen Freunden und insbesondere bei meiner Mutter,
die mich immer wieder ermutigt hat, das Buch zu schreiben.

Danke auch an die vielen Unterstützer, ohne die das Buch nicht möglich
gewesen wäre.

Impressum:
Bilder: Paul Sturm, 2008, Kathedrale Santiago de Compostela,
        Paul Sturm, 2008, Impression Natursteinmauer Jakobsweg
Text: Paul Sturm
Herstellung und Verlag: Books on Demand GmbH, Norderstedt
ISBN 978-3-8391-0443-9